Der Zahnarzt in der zivilrechtlichen Haftung unter besonderer Abwägung des anzusetzenden Haftungsstandards

Europäische Hochschulschriften

Publications Universitaires Européennes
European University Studies

Reihe II
Rechtswissenschaft

Série II Series II
Droit
Law

Bd./Vol. 4410

PETER LANG
Frankfurt am Main · Berlin · Bern · Bruxelles · New York · Oxford · Wien

Catharina von Ziegner

Der Zahnarzt in der zivilrechtlichen Haftung unter besonderer Abwägung des anzusetzenden Haftungsstandards

PETER LANG
Internationaler Verlag der Wissenschaften

Bibliografische Information der Deutschen Nationalbibliothek
Die Deutsche Nationalbibliothek verzeichnet diese Publikation in der Deutschen Nationalbibliografie; detaillierte bibliografische Daten sind im Internet über <http://www.d-nb.de> abrufbar.

Zugl.: Leipzig, Univ., Diss., 2005

15
ISSN 0531-7312
ISBN 978-3-631-54406-8

www.peterlang.de

„In theory, judges do not make law.
They only expound it.
But as no one knows what the law is until the judges expound it,
it follows that they make it.“

Lord Denning, The changing Law, 1953

„You´ll be a dentist.
You have a talent for causing things pain!
Son, be a dentist.
People will pay you to be inhumane!“

Dentist! aus: Little Shop of Horrors

Die vorliegende Arbeit wurde durch Herrn Prof. Dr. Bernd-Rüdiger Kern betreut und konnte im Wintersemester 2003/04 bei der Juristenfakultät der Universität Leipzig eingereicht und im Mai 2005 verteidigt werden. Die Dissertation stellt zwar eine wissenschaftliche Arbeit dar, soll aber auch dem Praktiker, d.h. dem Rechtsanwalt oder Richter sowie dem interessierten Zahnarzt, eine fundierte Hilfe und Informationsquelle über die Besonderheiten des Zahnarztrechts, insbesondere des zahnärztlichen Haftungsrechts, bieten. Aus diesem Grund wurde möglichst umfangreich die einschlägige, häufig jedoch nicht veröffentlichte Rechtsprechung zitiert.

Die Arbeit berücksichtigt die mit Inkrafttreten des Gesetzes zur Modernisierung des Schuldrechts eingetretenen Änderungen sowie die des 2. Schadensersatzänderungsgesetzes. Der Leser wird allerdings um Verständnis gebeten, dass die Arbeit nicht um die weiteren Einschränkungen des vertragszahnärztlichen Leistungskataloges, die mit dem Gesundheitsstrukturmodernisierungsgesetz vorgenommen worden sind, ergänzt worden ist (z.B. der Ausschluß der Kostenübernahme von Wurzelbehandlungen einzelstehender Zähne). Da die bisherigen in dieser Arbeit herausgestellten Behandlungsleistungen auch weiterhin außerhalb des Leistungskataloges liegen und auch durch die eingeführte Festzuschussregelung nicht vollständig aufgefangen werden, gelten diese Beispiele bei der insgesamt festzustellenden Verschärfung einer gebotenen Rationalisierung zu einer Rationierung bei der Gesetzlichen Krankenversicherung unverändert fort.

Mein Dank gilt meinem Doktorvater, Herrn Prof. Dr. Kern, sowie meiner Familie und meinen Freunden, die meine Stimmungsschwankungen ertragen haben, wenn ich zwischen Dissertation und Kanzleitätigkeit nicht immer fröhlich war.

Berlin/Zürich im April 2006

Inhaltsverzeichnis

Literaturverzeichnis

1. Aufsätze, Monographien, Kommentare

Ankermann, Ernst Kullmann, Hans-Josef	Arzthaftpflicht-Rechtsprechung (AHRS) Ergänzbare Rechtsprechungssammlung zur gesamten Arzthaftpflicht einschließlich der Haftung von Krankenhausträgern für die juristische Praxis Teil I: Entscheidungen bis 31.12.1992 Teil II: Entscheidung ab 01.01.1993 Stand 2003 (41.Erg.Lief.), Berlin
Baden, Eberhard	„Wirtschaftliche Aufklärungspflichten" in der Medizin, NJW 1988, 746 ff.
Bender, Albrecht	Der Standard in der klinischen Transfusionsmedizin, MedR 2002, 487 ff.
Bergmann, Karl-Otto	Begrenzt die Leistungspflicht der Krankenhausversicherung die Leistungspflicht des Arztes?, Tagungsband Arbeitsgemeinschaft Rechtsanwälte im Medizinrecht e.V., 1997, 45 ff.
Budewig, Klaus, Gehrlein, Markus	Das Haftpflichtrecht nach der Reform München 2003
Caemmerer, Ernst v.	Wandlungen des Deliktsrechts, Festschrift DJT 1964, Band II, 80 ff.
Deutsch, Erwin	Medizinrecht 5. Auflage, Berlin 2003
derselbe	Die Beweiskraft der EDV-Dokumentation bei zahnärztlicher Behandlung, MedR 1998, 206 ff.

derselbe	Ressourcenbeschränkung und Haftungsmaßstab im Medizinrecht, VersR 1998, 261 ff.
derselbe	Die Haftung von Arzt und Krankenhaus in der Bundesrepublik Deutschland – Eine Bestandsaufnahme der Rechtsprechung, FS für Walther Weißauer 1986, 12 ff.
derselbe	Die Haftung des Zahnarztes bei der zahnärztlichen Behandlung, VersR 1983, 993 ff.
Dressler, Wolf-Dieter	Ärztliche Leitlinien und Arzthaftung, FS für Karlmann Geiss 2000, 379 ff.
Engisch, Karl	Tatbestandsirrtum und Verbotsirrtum bei Rechtfertigungsgründen, ZStW 1958, 566 ff.
Eser, Albin	Zur Regelung der Heilbehandlung in rechtsvergleichender Perspektive, FS für Hans-Joachim Hirsch 1999, 465 ff.
Fallschüssel, Gerd	Die Stellung der künstlichen Zahneinpflanzung im allgemeinen Arztrecht, MedR 1985, 147 ff.
Frahm, Wolfgang Nixdorf, Wolfgang	Arzthaftungsrecht 2. Auflage, Karlsruhe 2001
Francke, Robert	Ärztliche Berufsfreiheit und Patientenrechte Stuttgart 1994
Franzki, H.	Welche Auswirkungen hat das Gesundheitsstrukturgesetz auf die Arbeit des leitenden Krankenhausarztes?, Arzt und Krankenhaus 1995, 225 ff.

Fuchs, Christoph — Was heißt hier Rationierung?,
Nagel/Fuchs (Hrsg.), Rationalisierung und Rationierung im deutschen Gesundheitswesen
Stuttgart 1998, 42 ff.

Gaisbauer, Georg — Zahnärztlich-chirurgische Eingriffe (Extraktionen) aus haftungsrechtlicher Sicht,
VersR 1997, 274 ff.

Gall, Erich — Allergische Reaktionen auf zahnärztliche Werkstoffe,
DZZ 1983, 735 ff.

Geiß, Karlmann
Greiner, Hans-Peter — Arzthaftpflichtrecht
4. Auflage, München 2001

Giesen, Dieter — Arzthaftungsrecht
4. Auflage, Tübingen 1995

Goetze, Erik — Arzthaftungsrecht und kassenärztliches Wirtschaftlichkeitsgebot
Berlin 1989

Groß, Werner — Ärztlicher Standard – Sorgfaltspflichten, Befundsicherung, Dokumentation und Beweislast
Münsteraner Reihe
Karlsruhe 1997

Gründel, Mirko — Einwilligung und Aufklärung bei psychotherapeutischen Behandlungsmaßnahmen,
NJW 2002, 2987 ff.

Günther, Horst — Zahnarzt – Recht und Risiko
München 1982

Hart, Dieter — Rechtliche Grenzen der „Ökonomisierung“,
MedR 1996, 60 ff.

derselbe	Ärztliche Leitlinien – Definitionen, Funktionen, rechtliche Bewertungen, MedR 1998, 8 ff.
derselbe	Spannungen zwischen dem Haftungs-, Arzneimittel- und Sozialrecht, MedR 2002, 321
derselbe	Qualitätssicherung durch Leitlinien, VSSR 2002, 265 ff.
Hauck, Karl Noftz, Wolfgang	Kommentar zum Sozialgesetzbuch 5. Teil (SGB V) Loseblatt, 2. Bd., §§ 69 bis 274 Berlin 1989, 65. Lieferung (März 2003)
Jakobs, Horst Heinrich	Die zahnärztliche Heilbehandlung als Werkleistung, NJW 1975, 1437 ff
Jansen, Christoph	Behandlungsfehler (750) in: Rieger, Hans-Jürgen, Lexikon des Arztrechts 2. Auflage, Berlin 2003
Kasseler Kommentar	Sozialversicherungsrecht 2. Auflage, Loseblatt, 31. Erg.Lieferung 8/00 München
Kassenzahnärztliche Bundesvereinigung (Hrsg.)	KZBV Jahrbuch 2002 Statistische Basisdaten zur vertragszahnärztlichen Versorgung Köln 2002
Katzenmeier, Christian	Arzthaftung Tübingen 2002
derselbe	Ein Sonderstraftatbestand der eigenmächtigen Heilbehandlung, ZRP 1997, 156 ff.

Kern, Bernd-Rüdiger | Haftungsrechtliche Aspekte bei Abweichung von medizinischen Qualitätsstandards und qualitätssichernden Vorgaben in der gesetzlichen Krankenversicherung, GesR 2002, 5 ff.

derselbe | Die ärztliche Aufklärungs- und Beratungspflicht, Der Arzt und sein Recht 8/1991, 6 ff.; 9/1991, 10 ff.

derselbe | Arzt-, Behandlungsvertrag (335) in: Rieger, Hans-Jürgen, Lexikon des Arztrechts 2. Auflage, Berlin 2003

Kern, Bernd-Rüdiger
Laufs, Adolf | Die ärztliche Aufklärungspflicht Berlin 1983

Koch, Wolfgang Heinrich
Weitz, Martin | Amalgam: Toxikologische Unbedenklichkeit des Füllungswerkstoffs vor Gerichten widerlegt, MedR 1998, 551 f.

Kohlhaas, Max | Die kosmetisch-ästhetische Operation im geltenden Strafrecht DMW 1964, 1660 ff.

Kögel, Arnd | Die Haftung des Zahnarztes für unterlassene Individualprophylaxe Aachen 2002

Könning, Angela | Zur Rechtsnatur des Zahnarztvertrages, VersR 1989, 223 ff.

Krause, Peter | Die Rechtsbeziehung zwischen Kassenarzt und Kassenpatient, SGb 1982, 425 ff.

Krey, Volker | Strafrecht Besonderer Teil I / Band 1 12. Auflage 2002

Krieger, Gerd	Die Behandlungsverweigerung bei Kassenpatienten, insbesondere wegen unzureichender Honorierung, MedR 1999, 519 ff.
Krone, Michael	Feste Grenzen gibt es in der Zahnheilkunde nicht, ZM Nr. 13 (1998), 32 ff.
Larenz, Karl	Lehrbuch des Schuldrechts, Band II, 1. Halbband, Besonderer Teil 13. Auflage, München 1986
Laufs, Adolf	Arztrecht 5. Auflage, München 1993
derselbe	Die Verletzung der ärztlichen Aufklärungspflicht und ihre deliktische Rechtsfolge, NJW 1974, 2025 ff.
derselbe	Die zivilrechtliche Einstandspflicht des Arztes: Inhalt und Grenzen, ZaeF 1995, 554 ff.
derselbe	Reform der Arzthaftung?, NJW 1996, 2413 ff.
derselbe	Arzt und Recht – Fortschritte und Aufgaben, NJW 1998, 1750 ff.
derselbe	Arzt, Patient und Recht am Ende des Jahrhunderts, NJW 1999, 1758 ff.
derselbe	Nicht der Arzt allein muß bereit sein, das Notwendige zu tun, NJW 2000, 1757 ff.

derselbe	Die Rechtsquellen (§ 5) in: Laufs, Adolf / Uhlenbruck, Wilhelm, Handbuch des Arztrechts 3. Auflage, München 2002
derselbe	Fort- und Weiterbildung (§ 11) in: Laufs, Adolf / Uhlenbruck, Wilhelm, Handbuch des Arztrechts 3. Auflage, München 2002
derselbe	Ausgangspunkte (§ 61) in: Laufs, Adolf / Uhlenbruck, Wilhelm, Handbuch des Arztrechts 3. Auflage, München 2002
derselbe	Vertragshaftung und Deliktshaftung (§ 97) in: Laufs, Adolf / Uhlenbruck, Wilhelm, Handbuch des Arztrechts 3. Auflage, München 2002
derselbe	Die medizinischen Standards. Behandlungsfehler (§ 99) in: Laufs, Adolf / Uhlenbruck, Wilhelm, Handbuch des Arztrechts 3. Auflage, München 2002
derselbe	Tatbestandliche Grundlagen (§ 103) in: Laufs, Adolf / Uhlenbruck, Wilhelm, Handbuch des Arztrechts 3. Auflage, München 2002
derselbe	Schadensbegrenzung. Schutzzweck. Verjährung (§ 106) in: Laufs, Adolf / Uhlenbruck, Wilhelm, Handbuch des Arztrechts 3. Auflage, München 2002

derselbe	Aufklärungspflicht (640) in: Rieger, Hans-Jürgen, Lexikon des Arztrechts 2. Auflage, Berlin 2001
Leipziger Kommentar	Kommentar zum Strafgesetzbuch Band 5, §§ 185 – 262 StGB 10. Auflage, Berlin 1989
Mansel, Heinz-Peter	Die Neuregelung des Verjährungsrechts, NJW 2002, 89 ff.
Martis, Rüdiger Winkhart, Martina	Arzthaftungsrecht aktuell Fallgruppenkom- mentar, Köln 2003
Michalski, Lutz	(Zahn-)Ärztliche Aufklärungspflicht über die Ersatzfähigkeit von Behandlungskosten, VersR 1997, 137 ff.
Mohr, Friedrich	Besonderheiten des Arzthaftungsrechtes bei zahnärztlicher Behandlung, MedR 2001, 38 ff.
Müller, Norbert	Zum Umfang der ärztlichen Aufklärungspflicht und zum Erfordernis eines Aufklärungsge- spräches, Arzt und Krankenhaus 2000, 283 ff.
derselbe	Humanitäre Gründe allein machen eine statio- näre Krankenhausbehandlung im sozialversiche- rungsrechtlichen Sinne nicht notwendig, Arzt und Recht 2000, 334 ff.
Müller-Fahlbusch, Hans	Wenn der Patient unbedingt den Zahn loswerden will, ZM 1987, 600 ff.

Münchener Kommentar	zum Bürgerlichen Gesetzbuch Band 4, §§ 607 - 704 4. Auflage, München 2001
Muschallik, Thomas Ziermann, Karin	Zukunftsperspektiven der vertragszahnärztlichen Versorgung – Eine Bestandsaufnahme der verfassungsrechtlichen Gestaltungsmöglichkeiten des Sozialgesetzgebers unter Berücksichtigung der Besonderheiten der Zahnmedizin Köln 2003
Natter, Eberhard	Der Arztvertrag mit dem sozialversicherten Patienten Köln 1987
Nettesheim, Martin	Rationierung in der Gesundheitsversorgung – verfassungsrechtliche Möglichkeiten und Grenzen, Verwaltungs-Archiv 2002, 315 ff.
Oexmann, Burkhard Georg, Axel	Die zivilrechtliche Haftung des Zahnarztes Düsseldorf 1989
Oldiges, Franz-Josef	Die ärztliche Behandlung im Spannungsfeld zwischen kassenärztlicher Verantwortung und zivilrechtlicher Haftung, Arbeitsgemeinschaft Rechtsanwälte im Medizinrecht (Hrsg.), Berlin/Heidelberg 1992, 49 ff.
Ott, Sieghart	Das neue Schuldrecht – Überleitungsvorschriften und Verjährung MDR 2002, 1 ff.
Palandt, Otto	Kommentar zum Bürgerlichen Gesetzbuch 62. Auflage, München 2003
Philipp, Albrecht	Arzneimittellisten und Grundrechte Berlin 1995

Plagemann, Herrmann Niggehoff, Dirk	Vertragsarztrecht 2. Auflage, 2000
Peikert, Peter	Fachfremdheit im Sinne des Weiterbildungs rechts, MedR 2000, 123 ff.
Peikert, Peter Kroel, Mark	Ist der Vertragsarzt verpflichtet, bestimmte (nicht kostendeckende) Leistungen zu erbringen? SGb 2001, 662 ff.
Quaas, Michael	Finanzierungsengpässe und Haftung, Krankenhaus 1997, 542 ff.
Ratajczak, Thomas	Die Budgetierung des Gesundheitswesens. Wo bleibt der medizinische Standard?, AG Rechtsanwälte im Medizinrecht e.V. 1997, 17 ff.
Rebscher, Herbert	Rationalisierung und Rationierung aus Sicht der Krankenversicherung, Nagel/Fuchs (Hrsg.), Rationalisierung und Rationierung im deutschen Gesundheitswesen Stuttgart 1998, 27 ff.
Rehborn, Martin	Arzt – Patient – Krankenhaus 3. Auflage, München 2000
Rieger, Hans-Jürgen	Zahnärztliche Prüfungen (5680) in: Rieger, Hans-Jürgen, Lexikon des Arztrechts 2. Auflage, Berlin 2003
Rinke, Winfried Balser, Bernd	Extraktion erhaltungswürdiger Zähne, Perforation unbeteiligter Kronen, Schnellprothetik statt konservierender und prophylaktischer Therapie – ein neuer Sorgfaltsmaßstab in der kassenzahnärztlichen Versorgung?, VersR 2001, 423 ff.

Roesch, Heinz — Zur Rechtsnatur des Zahnarztvertrages, VersR 1979, 12 ff.

Rüschen, Hermann-Rudolf — Bericht über die 28. Richterwoche des BSG, NJW 1997, 787 f.

Sandbiller, Eva — Interdependenzen zwischen Arzthaftungs- und Krankenversicherungsrecht, MedR 2002, 19 ff.

Scheuffler, Wolfgang — Zahnärztlicher Behandlungsvertrag (5660) in: Rieger, Hans-Jürgen, Lexikon des Arztrechts 2. Auflage, Berlin 2003

Schimmelpfeng-Schütte, Ruth — Der Arzt im Spannungsfeld der Inkompatibilität der Rechtssysteme, MedR 2002, 286 ff.

Schiller, Herbert / Steinhilper, Gernot — Zum Spannungsverhältnis Vertragsarzt/ Privatarzt - Darf ein Vertragsarzt Leistungen bei einem Kassenpatienten ablehnen, sie aber zugleich privatärztlich anbieten?, MedR 2001, 29 ff.

Schinnenburg, Wieland — Besonderheiten des Arzthaftungsrechts bei zahnärztlicher Behandlung, MedR 2000, 185 ff.

Schnapp, Friedrich / Wigge, Peter — Handbuch des Vertragsarztrechts München 2002

Schönke, Adolf / Schröder, Horst — Kommentar zum Strafgesetzbuch 26. Auflage, München 2001

Schreiber, Hans-Ludwig — Zur Reform des Arztstrafrechts, FS für Hans-Joachim Hirsch 1999, 713 ff.

Soergel, Thomas / Kraft, Alfons — Kommentar zum Bürgerlichen Gesetzbuch Band 4, 1. Halbband, §§ 516 - 651 12. Auflage, Berlin 1999

Spieß, Hans-Jürgen	Krankenversicherung – keine Kostenübernahme eines Amalgamaustausches wegen unklarer gesundheitlicher Beschwerden, SGb 2000, 489 ff.
Staudinger, J. v.	Kommentar zum Bürgerlichen Gesetzbuch buch 2, §§ 611 - 615 13. Auflage, Berlin 1999
Steffen, Erich	Die Arzthaftung im Spannungsfeld zu den Anspruchsbegrenzungen des Sozialrechts für den Kassenpatienten, FS für Karlmann Geiß 2000, 487 ff.
derselbe	Einfluß verminderter Ressourcen und von Finanzierungsgrenzen im Bereich des Gesundheitswesens auf die Anforderungen des Arzthaftungsrechts? ECCLESIA Gruppe (Hrsg.), Dokumentation des Symposiums der ECCLESIA Gruppe am 12./13.02.1998, 41 ff.
derselbe	Der sogenannte Facharztstatus aus der Sicht der Rechtsprechung des Bundesgerichtshofs, MedR 1995, 360 ff.
derselbe	Einfluß verminderter Ressourcen und von Finanzierungsgrenzen aus dem Gesundheitsstrukturgesetz auf die Arzthaftung, MedR 1995, 190 ff.
Steffen, Erich Dressler, Wolf-Dieter	Arzthaftungsrecht – Neue Entwicklungen der BGH-Rechtsprechung 8. Auflage, Köln 1999
Systematischer Kommentar	zum StGB Band 2, Besonderer Teil §§ 80 – 358) 6. Auflage 1997

Tag, Brigitte	Der Körperverletzungstatbestand im Spannungsfeld zwischen Patientenautonomie und Lex artis, Berlin 2000
Tröndle, Herbert	Selbstbestimmungsrecht des Patienten – Wohltat und Plage, MDR 1983, 881 ff.
Uhlenbruck, Wilhelm	Rechtliche Grenzen einer Rationierung in der Medizin, MedR 1995, 427 ff.
derselbe	Der Begriff der Heilbehandlung, DMW 1968, 271 ff.
Uhlenbruck, Wilhelm, Laufs, Adolf	Der Arztvertrag (§ 39) in: Laufs, Adolf / Uhlenbruck, Wilhelm: Handbuch des Arztrechts 3. Auflage, München 2002
dieselben	Die Beendigung des Arztvertrages (§ 46) in: Laufs, Adolf / Uhlenbruck, Wilhelm: Handbuch des Arztrechts 3. Auflage, München 2002
Ulsenheimer, Klaus	Arztstrafrecht in der Praxis 2. Auflage 1998
derselbe	Die fahrlässige Körperverletzung (§ 139) in: Laufs, Adolf / Uhlenbruck, Wilhelm: Handbuch des Arztrechts 3. Auflage, München 2002
derselbe	Die strafrechtliche Beurteilung ärztlicher Heilbehandlung (ärztliche Eigenmacht) (§ 138) in: Laufs, Adolf / Uhlenbruck, Wilhelm: Handbuch des Arztrechts 3. Auflage, München 2002

Velten, Wolfram — Der medizinische Standard im Arzthaftungsprozeß
Baden-Baden 2001

Voß, Barbara — Kostendruck und Ressourcenknappheit im Arzthaftungsrecht
Berlin 1999

Wartensleben, Herbert — Widersprüche zwischen Arzthaftungsrecht und Leistungs- bzw. Leistungserbringerrecht,
Bonner Ärztliche Nachrichten 2000, 17 ff.

Wertenbruch, Johannes — Die Zulässigkeit einer Kündigungsfristvereinbarung bei ärztlichen Behandlungsverträgen,
MedR 1994, 394 ff.

Wussow, Robert Joachim — Umfang und Grenzen der ärztlichen Aufklärungspflicht
VersR 2002, 1338 ff.

2. Urteile

Bundesverfassungsgericht

25.07.1979	2 BvR 878/74	BVerfGE 52, 131

Reichsgericht

31.05.1894	1406/94	RGSt 25, 375
11.04.1919	V II 68/19	RGZ 95, 322

Bundesgerichtshof

27.11.1952	VI ZR 25/52	BGHZ 8, 138
17.02.1956	VI ZR 248/54	VersR 1956, 224
28.11.1957	4 StR 525/57	BGHSt 11, 111
09.12.1958	VI ZR 203/57	BGHZ 29, 46
28.11.1957	4 StR 525/57	NJW 1958, 267
07.07.1970	VI ZR 223/68	NJW 1970, 1963
22.06.1971	VI ZR 230/69	MDR 1971, 918
21.09.1971	IV ZB 61/70	BGHZ 57, 63
12.02.1974	VI ZR 141/72	NJW 1974, 1422
09.12.1974	VII ZR 182/73	MDR 1975, 310
15.03.1977	VI ZR 201/75	VersR 1977, 546
11.10.1977	VI ZR 110/75	NJW 1978, 584
22.02.1978	2 StR 372/77	NJW 1978, 1206
18.03.1980	VI ZR 247/78	BGHZ 76, 259
01.02.1983	VI ZR 104/81	VersR 1983, 443
10.05.1983	VI ZR 173/81	NJW 1983, 2075
20.09.1983	VI ZR 35/82	NJW 1984, 661
27.09.1983	VI ZR 230/81	NJW 1984, 655
28.02.1984	VI ZR 106/82	VersR 1984, 470
23.04.1985	VI ZR 207/83	NJW 1985, 2194
07.05.1985	VI ZR 224/83	NJW 1985, 2193
25.03.1986	VI ZR 90/85	BGHZ 97, 273
10.02.1987	VI ZR 68/86	VersR 1987, 686
24.06.1987	IVa ZR 99/86	NJW 1987, 2808
28.04.1987	VI ZR 171/86	BGHZ 100, 363
22.09.1987	VI ZR 238/86	VersR 1988, 179
31.05.1988	VI ZR 261/87	NJW 1988, 2302
08.03.1988	VI ZR 201/87	NJW 1988, 1511
26.04.1988	VI ZR 246/86	VersR 1988, 723
23.02.1988	VI ZR 56/87	NJW 1988, 1516

25.03.1988	2 StR 93/88	NJW 1988, 2310
22.11.1988	VI ZR 126/88	NJW 1989, 766
16.05.1989	VI ZR 251/88	NJW 1989, 2323
30.05.1989	VI ZR 200/88	NJW 1989, 2321
08.05.1990	VI ZR 227/89	NJW 1990, 2929
19.06.1990	VI ZR 255/89	NJW 1991, 1535
26.06.1990	VI ZR 289/89	MedR 1990, 329
29.01.1991	VI ZR 206/90	NJW 1991, 1535
12.03.1991	VI ZR 232/90	NJW 1991, 2346
05.02.1991	VI ZR 108/90	VersR 1991, 547
23.04.1991	VI ZR 161/90	NJW 1991, 2350
10.03.1992	VI ZR 64/91	NJW 1992, 1560
07.04.1992	VI ZR 192/91	NJW 1992, 2351
15.06.1993	VI ZR 175/92	NJW 1993, 2989
09.11.1993	VI ZR 248/92	MedR 1994, 278
29.11.1994	VI ZR 189/93	NJW 1995, 776
29.11.1994	VI ZR 93/94	MDR 1995, 482
20.03.1995	II ZR 205/94	MDR 1995, 916
17.12.1996	VI ZR 133/95	MDR 1997, 353
24.06.1997	VI ZR 94/96	NJW 1997, 3090
02.12.1997	VI ZR 386/96	NJW 1998, 814
16.12.1997	VI ZR 408/96	NJW 1998, 988
24.06.1999	IX ZR 363/97	NJW 1999, 2734
18.01.2000	VI ZR 375/98	MDR 2000, 582
15.02.2000	VI ZR 48/99	NJW 2000, 1784
16.05.2000	VI ZR 321/98	NJW 2000, 2737
31.10.2000	VI ZR 198/99	NJW 2001, 885
06.03.2001	VI ZR 30/00	MDR 2001, 810

Oberlandesgericht Karlsruhe		
03.05.1967	1 U 144/66	NJW 1967, 1512
Oberlandesgericht Karlsruhe		
21.02.1968	1 U 128/66	nicht veröffentl.
Oberlandesgericht Köln		
12.01.1977	2 U 100/76	AHRS 2695/2
Oberlandesgericht Köln		
16.03.1978	18 U 198/77	NJW 1978, 1690
Oberlandesgericht Hamm		
07.05.1979	3 U 78/79	nicht veröffentl.

Oberlandesgericht Hamm		
16.02.1981	3 U 135/80	nicht veröffentl.
Oberlandesgericht Hamm		
25.1.1982	3 U 211/81	nicht veröffentl.
Oberlandesgericht Hamm		
09.02.1983	3 U 215/82	nicht veröffentl.
Oberlandesgericht Zweibrücken		
10.03.1983	4 U 76/82	NJW 1983, 2094
Oberlandesgericht Düsseldorf		
02.02.1984	8 U 71/83	VersR 1985, 456
Oberlandesgericht Köln		
21.10.1985	7 U 50/85	NJW 1987, 2304
Oberlandesgericht Hamburg		
17.01.1986	1 U 73/84	AHRS 2070/4
Oberlandesgericht Stuttgart		
29.04.1986	10 U 238/84	VersR 1987,1099
Oberlandesgericht Köln		
26.05.1986	7 U 77/84	VersR 1987, 620
Oberlandesgericht Düsseldorf		
12.06.1986	8 U 279/84	MDR 1986, 934
Oberlandesgericht Köln		
21.07.1986	7 U 147/86	OLGZ 1988, 212
Oberlandesgericht München		
20.11.1986	1 U 5924/85	AHRS 4800/10
Oberlandesgericht Schleswig		
06.05.1987	4 U 86/86	AHRS 4800/11
Oberlandesgericht Düsseldorf		
01.10.1987	8 U 183/86	nicht veröffentl.
Oberlandesgericht Hamm		
19.10.1987	3 U 35/87	nicht veröffentl.
Oberlandesgericht Stuttgart		
21.01.1988	14 U 24/87	VersR 1988, 410
Oberlandesgericht Karlsruhe		
26.08.1988	14 U 180/85	AHRS 2694/6
Oberlandesgericht Düsseldorf		
20.10.1988	8 U 261/87	NJW 1989, 2334
Oberlandesgericht Karlsruhe		
14.12.1988	7 U 29/88	VersR 1989, 852
Oberlandesgericht Köln		
19.12.1988	7 U 158/87	VersR 1989, 632

Oberlandesgericht Köln		
21.07.1986	7 U 147/86	OLGZ 1988, 212
Oberlandesgericht Oldenburg		
04.05.1988	3 U 89/87	VersR 1989, 402
Oberlandesgericht Stuttgart		
02.02.1989	14 U 20/88	VersR 1989, 632
Oberlandesgericht Karlsruhe		
21.02.1990	7 U 66/88	nicht veröffentl.
Oberlandesgericht Düsseldorf		
23.02.1990	8 U 169/88	nicht veröffentl.
Oberlandesgericht Düsseldorf		
05.04.1990	8 U 23/89	NJW 1992, 2365
Oberlandesgericht Düsseldorf		
06.06.1991	8 U 185/89	AHRS 2699/3
Oberlandesgericht Düsseldorf		
13.06.1991	8 U 49/90	AHRS 2695/18
Oberlandesgericht Hamm		
26.06.1991	3 U 279/90	nicht veröffentl.
Oberlandesgericht Hamm		
07.10.1991	3 U 13/91	nicht veröffentl.
Oberlandesgericht Köln		
11.12.1991	27 U 84/91	VersR 1993, 361
Oberlandesgericht Köln		
09.03.1992	27 U 144/91	VersR 1992,1475
Oberlandesgericht Köln		
28.10.1992	27 U 85/92	VersR 1993,1400
Oberlandesgericht Zweibrücken		
25.11.1992	2 U 56/92	nicht veröffentl.
Kammergericht Berlin		
17.12.1992	20 U 713/92	AHRS 2693/10
Oberlandesgericht Koblenz		
07.01.1993	5 U 1289/92	NJW-RR1994,52
Oberlandesgericht München		
04.03.1993	1 U 2924/92	VersR 1994, 862
Oberlandesgericht Düsseldorf		
25.03.1993	8 U 162/91	AHRS 2695/103
Oberlandesgericht Oldenburg		
20.04.1993	5 U 140/92	AHRS 2695/105
Oberlandesgericht Hamm		
19.05.1993	3 U 97/92	AHRS 4800/100

Oberlandesgericht Düsseldorf		
03.06.1993	8 U 266/91	AHRS 2694/101
Oberlandesgericht Düsseldorf		
17.06.1993	8 U 316/91	AHRS 2695/106
Oberlandesgericht Oldenburg		
22.06.1993	5 U 154/92	AHRS 2699/100
Oberlandesgericht Schleswig-Holstein		
13.10.1993	4 U 145/91	nicht veröffentl.
Oberlandesgericht Düsseldorf		
18.10.1993	8 U 202/91	AHRS 2695/107
Oberlandesgericht Hamm		
03.11.1993	3 U 217/92	nicht veröffentl.
Oberlandesgericht Köln		
24.11.1993	27 U 44/93	MedR 1994, 198
Oberlandesgericht Düsseldorf		
17.02.1994	8 U 311/91	AHRS 2395/101
Oberlandesgericht Hamm		
16.03.1994	3 U 149/93	VersR 1994,1304
Oberlandesgericht Köln		
18.04.1994	5 U 48/94	VersR 1995, 582
Oberlandesgericht Koblenz		
05.05.1994	5 U 1114/93	NJW-RR 95, 567
Oberlandesgericht Hamm		
25.05.1994	3 U 28/94	AHRS 2693/100
Oberlandesgericht Hamm		
15.06.1994	3 U 31/94	NJW 1995, 790
Oberlandesgericht Hamm		
15.06.1994	3 U 31/94	NJW 1995, 790
Oberlandesgericht München		
23.06.1994	24 U 961/92	MedR 1995, 363
Oberlandesgericht Stuttgart		
28.07.1994	14 U 4/94	AHRS 4800/107
Oberlandesgericht Stuttgart		
01.09.1994	14 U 9/88	AHRS 4800/108
Oberlandesgericht Düsseldorf		
29.09.1994	8 U 13/93	AHRS 2695/116
Oberlandesgericht Hamm		
12.10.1994	3 U 26/94	AHRS 6405/102
Oberlandesgericht Düsseldorf		
27.10.1994	8 U 25/93	AHRS 2695/118

Oberlandesgericht Hamm		
11.01.1995	3 U 84/94	AHRS 4800/109
Oberlandesgericht Hamm		
01.02.1995	3 U 205/94	AHRS 2692/100
Oberlandesgericht München		
30.03.1995	1 U 3458/94	VersR 1997, 102
Oberlandesgericht Frankfurt		
26.05.1995	24 U 371/93	VersR 1996,1150
Oberlandesgericht Hamm		
29.05.1995	3 U 254/94	AHRS 2693/104
Oberlandesgericht Köln		
29.06.1995	5 U 186/94	nicht veröffentl.
Oberlandesgericht Oldenburg		
05.09.1995	5 U 75/95	NJW-RR96,1267
Oberlandesgericht Karlsruhe		
16.10.1995	7 U 97/97	nicht veröffentl.
Oberlandesgericht München		
16.11.1995	1 U 4895/93	AHRS 4800/111
Oberlandesgericht Köln		
04.12.1995	5 U 134/94	AHRS 4510/110
Oberlandesgericht Karlsruhe		
06.12.1995	13 U 209/94	AHRS 4800/112
Oberlandesgericht Hamm		
13.12.1995	3 U 88/95	AHRS 4800/113
Oberlandesgericht Köln		
21.12.1995	5 U 83/94	MedR 1996, 318
Oberlandesgericht Düsseldorf		
08.02.1996	8 U 82/95	AHRS 2695/131
Oberlandesgericht Düsseldorf		
21.03.1996	8 U 153/95	VersR 1997, 102
Oberlandesgericht Saarbrücken		
05.06.1996	1 U 900/95	AHRS 1050/154
Oberlandesgericht Hamm		
26.06.1996	3 U 169/95	AHRS 2693/105
Oberlandesgericht Köln		
01.07.1996	5 U 196/95	MedR 1997, 273
Oberlandesgericht Stuttgart		
12.09.1996	14 U 1/96	AHRS 2693/106
Oberlandesgericht Stuttgart		
12.09.1996	8 U 210/91	AHRS 4800/115

Oberlandesgericht Hamm		
06.11.1996	3 U 57/96	AHRS 2699/103
Oberlandesgericht Köln		
17.11.1996	5 U 113/96	nicht veröffentl.
Oberlandesgericht Stuttgart		
02.01.1997	14 U 10/96	AHRS 5000/149
Oberlandesgericht Oldenburg		
11.02.1997	5 U 164/96	MDR 1997, 841
Oberlandesgericht Oldenburg		
18.02.1997	5 U 176/96	VersR 1998, 57
Oberlandesgericht Bamberg		
03.03.1997	4 U 167/96	AHRS 4800/117
Oberlandesgericht Hamm		
21.04.1997	3 U 175/96	AHRS 4800/118
Oberlandesgericht Braunschweig		
24.04.1997	1 U 56/96	AHRS 2694/113
Oberlandesgericht Frankfurt		
29.04.1997	8 U 184/96	AHRS 4800/120
Oberlandesgericht Jena		
14.05.1997	4 U 1271/96	AHRS 4800/121
Oberlandesgericht Köln		
16.06.1997	5 U 35/97	VersR 1998,1284
Oberlandesgericht Oldenburg		
14.10.1997	5 U 45/97	VersR 1998,1381
Oberlandesgericht Hamm		
27.10.1997	3 U 7/97	AHRS 2695/106
Oberlandesgericht Hamm		
03.12.1997	3 U 57/97	AHRS 1050/178
Oberlandesgericht Düsseldorf		
04.12.1997	8 U 175/96	AHRS 2695/146
Oberlandesgericht Saarbrücken		
10.12.1997	1 U 290/97	MDR 1998, 469
Oberlandesgericht Stuttgart		
09.01.1998	14 U 15/97	VersR 1999,1017
Oberlandesgericht Köln		
25.02.1998	5 U 157/97	VersR 1998,1511
Oberlandesgericht München		
25.02.1995	21 U 4320/97	OLG-R 1999,189
Oberlandesgericht Köln		
22.04.1998	5 U 232/96	AHRS 1050/185

Oberlandesgericht Düsseldorf		
25.06.1998	7 U 212/87	AHRS 6410/69
Oberlandesgericht Zweibrücken		
21.08.1998	2 U 29/97	MedR 1999, 219
Oberlandesgericht Köln		
30.09.1998	5 U 122/97	VersR 1999,1498
Oberlandesgericht Stuttgart		
17.11.1998	14 U 69/97	MedR 1999, 369
Oberlandesgericht Oldenburg		
02.03.1999	5 U 176/98	MDR 1999, 676
Oberlandesgericht Hamm		
26.04.1999	3 U 207/98	NJW 1999, 3421
Kammergericht Berlin		
21.09.1999	6 U 261/98	VersR 2000, 89
Oberlandesgericht Koblenz		
26.05.1999	3 U 328/87	MedR 1994, 464
Oberlandesgericht Zweibrücken		
22.06.1999	5 U 32/98	VersR 2000, 605
Oberlandesgericht Köln		
16.06.1999	5 U 160/97	VersR 2000,1150
Kammergericht Berlin		
21.09.1999	6 U 261/98	VersR 2000, 89
Oberlandesgericht Karlsruhe		
25.05.2000	7 U 193/97	nicht veröffentl.
Brandenburgisches Oberlandesgericht		
08.11.2000	1 U 6/99	MedR 2001, 196
Oberlandesgericht Hamm		
29.11.2000	13 U 210/99	VersR 2002, 312
Oberlandesgericht Hamm		
24.01.2001	3 U 107/00	OLGRep 01,142
Oberlandesgericht Celle		
28.05.2001	1 U 28/00	nicht veröffentl.
Oberlandesgericht Köln		
12.03.2002	5 U 52/02	GesR 2003, 173
Oberlandesgericht Karlsruhe		
11.09.2002	7 U 102/01	MedR 2003, 104
Oberlandesgericht Frankfurt/M.		
01.07.2003	3 U 30/2000	nicht veröffentl.

Landgericht Hannover		
10.01.1956	11 S 287/55	NJW 1956, 1640
Landgericht Offenburg		
26.08.1958	1 S 51/58	NJW 1959, 817
Landgericht Bremen		
07.01.1965	4 S 496/64	NJW 1965, 2015
Landgericht Konstanz		
14.04.1972	5 O 74/72	nicht veröffentl.
Landgericht Frankfurt/M.		
17.11.1980	2/21 O 57/79	VersR 1981,1040
Landgericht Hannover		
19.03.1980	11 S 372/79	NJW 1980, 1340
Landgericht Hannover		
04.02.1981	11 S 244/80	NJW 1981, 1320
Landgericht Wiesbaden		
21.05.1981	2 O 166/80	nicht veröffentl.
Landgericht Münster		
31.08.1983	16 O 278/83	NJW 1985, 683
Landgericht Saarbrücken		
04.05.1984	16 S 1/84	NJW 1984, 2632
Landgericht Hannover		
16.04.1985	19 O 109/85	nicht veröffentl.
Landgericht Düsseldorf		
05.02.1986	23 S 217/85	MedR 1986, 208
Landgericht Dortmund		
11.05.1987	17 O 39/86	nicht veröffentl.
Landgericht Bremen		
01.06.1990	9 O 164/90	NJW 1991, 2353
Landgericht Wuppertal		
02.10.1990	5 O 2/89	nicht veröffentl.
Landgericht Ellwangen		
18.10.1993	5 O 262/92	AHRS 4890/102
Landgericht Augsburg		
08.07.1994	9 O 310/93	VersR 1994,1478
Landgericht Mönchengladbach		
18.11.1993	10 O 30/88	MDR 1995, 79
Landgericht Neubrandenburg		
28.08.1996	1/6 O 506/94	BDIZkon2000,54
Landgericht Frankenthal		
10.02.1997	8 O 2102/95	AHRS 4800/116

Landgericht Hannover		
30.04.1998	19 S 25/97	nicht veröffentl.
Landgericht Hechingen		
07.08.1998	1 O 51/95	BDIZkon1998,32
Landgericht Berlin		
31.08.1998	(534) 28 Js 39/97	nicht veröffentl.
Landgericht Kiel		
03.12.1998	10 S 68/98	NJW 1999, 3418
Landgericht Aachen		
17.05.1999	11 O 318/97	VersR 2000,1374
Landgericht Göttingen		
06.12.2000	8 O 142/99	nicht veröffentl.
Landgericht Paderborn		
25.01.2001	1 S 119/00	nicht veröffentl.
Landgericht Braunschweig		
02.05.2001	2 S 916/00	nicht veröffentl.
Landgericht Hannover		
04.10.2001	19 O 5798/00-302	nicht veröffentl.

Amtsgericht Köln		
08.06.1982	131 C 83/81	VersR 1983, 473
Amtsgericht Königstein		
25.09.1991	21 C 352/91	nicht veröffentl.
Amtsgericht Frankfurt		
27.10.1995	31 C 1221/93	nicht veröffentl.
Amtsgericht Nürnberg		
03.12.1996	36 C 3181/94	nicht veröffentl.

Bundessozialgericht

01.06.1977	3 RK 41/75	BSGE 44,41
01.03.1979	6 RKa 4/78	USK 7939
20.01.1982	8/8a RK 13/80	BSGE 53, 62
28.06.1983	8 RK 22/81	BSGE 55, 188
24.01.1990	3 RK 6/89	SozR2200 §182c/1
10.04.1990	6 RKa 36/89	BSGE 66, 284
16.01.1991	6 RKa 25/89	ArztR 1992, 11
25.06.1991	1/3 RK 1/90	BSGE 69, 70

19.03.1992	7 RAv 26/91	BSGE 70, 194
08.04.1992	6 RKa 27/90	NJW 1993, 1549
20.05.1992	14a/6 RKa 6/90	ArztR 1992, 354
20.05.1992	14a/6 RKa 9/90	SozR3-1500 §12/5
02.12.1992	14a/6 RKa 43/91	NZS 1993, 178
10.08.1993	9/9a Rv 22/92	BSGE 73, 40
16.12.1993	4 RK 5/92	BSGE 73, 271
05.07.1995	1 RK 6/95	BSGE 76, 194
10.05.1995	1 RK 14/94	BSGE 76, 101
23.11.1995	1 RK 5/94	SozR3-2500 §13/9
23.04.1996	1 RK 24/24	SozR3-2500 §30/7
18.12.1996	6 RKa 66/95	SozR3-130§113/3
16.09.1997	1 RK 28/95	BSGE 81, 54
03.12.1997	6 RKa 40/96	SozR3-5555 §12/5
09.06.1998	B 1 KR 18/96R	BSGE 82, 158
16.06.1999	B1 KR 4/98R	BSGE 84, 90
06.10.1999	B1 KR 13/97R	BSGE 85, 56
13.12.2000	B 6 Ka 1/00	NZS 2002, 50
14.03.2001	B 6 Ka 36/00R	nicht veröffentl.
14.03.2001	B 6 Ka 67/00R	nicht veröffentl.
14.03.2001	B 6 Ka 54/00R	SGb 2002, 105
19.06.2001	B 1 KR 27/00	MedR 2002, 599

Landessozialgericht Nordrhein-Westfalen		
21.10.1998	11 B 35/98 KA	nicht veröffentl.
Landessozialgericht Bayern		
24.02.1999	L 12 KA 522/97	nicht veröffentl.
Landessozialgericht Niedersachsen		
01.12.1999	L 5 KA 29/99	nicht veröffentl.
Landessozialgericht Schleswig-Holstein		
07.12.1999	L 6 Ka 43/98	nicht veröffentl.
Landessozialgericht Rheinland-Pfalz		
23.03.2000	L 5 Ka 22/99	nicht veröffentl.
Landessozialgericht Bayern		
28.06.2001	L 4 KA 32/99	nicht veröffentl.

Sozialgericht Lüneburg		
28.07.1997	S 8 KA 70/93	nicht veröffentl.
Sozialgericht Mainz		
05.04.2000	S 1 KA 612/98	nicht veröffentl.
Sozialgericht Kiel		
26.01.2001	S 13 KA 597/99	nicht veröffentl.
Verwaltungsgericht Münster		
10.02.1999	6 K 1620/98	MedR 1999, 284
Oberverwaltungsgericht Nordrhein-Westfalen		
13.08.1998	13 A 1781/96	MedR 1999, 187
Landesberufsgericht Baden-Württemberg		
24.07.1993	BGL 1/93	MedR 1993, 481
Finanzgericht Berlin		
12.11.2002	7 K 7264/02	nicht veröffentl.

Literatur wird abgekürzt zitiert. In Zweifelsfällen ist die Zitierweise im Literaturverzeichnis angegeben.
Im Übrigen werden die allgemein oder in der Rechtssprache üblichen Abkürzungen verwendet. Insoweit wird auch auf das Abkürzungsverzeichnis verwiesen.

Abkürzungsverzeichnis

a.a.O.	am angegebenen Ort
Abs.	Absatz
AG	Amtsgericht
AHRS	Arzthaftpflicht-Rechtsprechung
Anm.	Anmerkung
Art.	Artikel
ArztR	Arztrecht
Az	Aktenzeichen
Bd.	Band
BGB	Bürgerliches Gesetzbuch
BGBl	Bundesgesetzblatt
BGH	Bundesgerichtshof
BGHSt	Entscheidungen des Bundesgerichtshofs in Strafsachen
BGHZ	Entscheidungen des Bundesgerichtshofs in Zivilsachen
BMV-ZÄ	Bundesmantelvertrag-Zahnärzte
BSG	Bundessozialgericht
BSGE	Entscheidungen des Bundessozialgerichts
bzw.	beziehungsweise
BVerfG	Bundesverfassungsgericht
DÄBl	Deutsches Ärzteblatt
DGZMK	Deutsche Gesellschaft für Zahn-, Mund- und Kieferheilkunde
d.h.	das heißt
DJT	Deutscher Juristentag
DMW	Deutsche Medizinische Wochenschrift
DZZ	Deutsche Zahnärztliche Zeitschrift
EKV-Z	Ersatzkassenvertrag Zahnärzte
etc.	et cetera
ff.	fortfolgende
FG	Finanzgericht
FS	Festschrift
GesR	Gesundheitsrecht - Zeitschrift für Arztrecht, Krankenhausrecht, Apotheken- und Arzneimittel recht
GG	Grundgesetz
ggfs.	gegebenenfalls

GKV	Gesetzliche Krankenversicherung
GOZ	Gebührenordnung für Zahnärzte
Hrsg	Herausgeber
i.S.	im Sinne
i.S.v.	im Sinne von
JR	Juristische Rundschau
JZ	Juristenzeitung
Kap.	Kapitel
KG	Kammergericht
KZBV	Kassenzahnärztliche Bundesvereinigung
LG	Landgericht
LK	Leipziger Kommentar
LSG	Landessozialgericht
MBO-ZÄ	Musterberufsordnung für Zahnärzte
MDR	Monatsschrift des deutschen Rechts
MedR	Medizinrecht
m.w.N.	mit weiteren Nachweisen
NJW	Neue Juristische Wochenschrift
NJW-RR	Neue Juristische Wochenschrift Rechtsprechungsreport
Nr.	Nummer
OFD	Oberfinanzdirektion
OLG	Oberlandesgericht
OVG	Oberverwaltungsgericht
RGBl	Reichsgesetzblatt
RGSt	Entscheidungen des Reichsgerichts in Strafsachen
RGZ	Entscheidungen des Reichsgerichts in Zivilsachen
Rz.	Randzeichen
Rn.	Randnummer
S.	Seite (i.V.m. Gesetzesbezeichnungen: Satz)
s.	siehe
SG	Sozialgericht
SGb	Zeitschrift für die Sozialgerichtsbarkeit
SGB	Sozialgesetzbuch
SK-StGB	Systematischer Kommentar zum Strafgesetzbuch
SozR	Leitsätze des Bundessozialgerichts
StGB	Strafgesetzbuch
u.a.	und andere / unter anderem

USK	Urteilssammlung für die gesetzliche Krankenversicherung
VersR	Versicherungsrecht
Verwaltungs-Archiv	Zeitschrift für Verwaltungslehre, Verwaltungsrecht und Verwaltungspolitik
VG	Verwaltungsgericht
Vorbem.	Vorbemerkung
VSSR	Vierteljahresschrift für Sozialrecht
VVG	Versicherungsvertragsgesetz
ZaeF	Zeitschrift für ärztliche Fortbildung
ZHKG	Zahnheilkundegesetz
ZM	Zahnärztliche Mitteilungen
ZPO	Zivilprozeßordnung
ZRP	Zeitschrift für Rechtspolitik
ZStW	Zeitschrift für die gesamte Strafrechtswissenschaft

Im übrigen wird auf
Kirchner, Hildebert / Kastner, Fritz, Abkürzungsverzeichnis der Rechtssprache, 4. Auflage, Berlin 1993,
verwiesen.

I. Einleitung

Die Zahnheilkunde sowie die damit im Zusammenhang stehenden rechtlichen Probleme spielen im Arztrecht im Verhältnis zu der Humanmedizin eher eine untergeordnete Rolle. Dies resultiert nicht zuletzt aus der großen Differenz zwischen der Anzahl der Betroffenen: So sind ca. 375.200 approbierte Ärzte, davon ca. 297.900 berufstätige Ärzte, bei der Bundesärztekammer[1] registriert. Demgegenüber sind nur ca. 78.600 approbierte Zahnärzte, davon ca. 63.900 behandelnd tätige Zahnärzte, bei der Bundeszahnärztekammer[2] registriert.

Das Arztrecht hat in der juristischen Rechtsprechung und Literatur im Laufe der letzten Jahrzehnte einen besonderen Stellenwert erlangt. Dies zeigt sich insbesondere dadurch, daß es auf nahezu alle Rechtsbereiche übergreift. So fließen im Arztrecht das Zivilrecht, das Strafrecht, das Verfassungsrecht, das Verwaltungsrecht, das Sozialrecht, das Medizinprodukte- sowie das Arzneimittelrecht zusammen. Vereinzelt finden sich in den entsprechenden Gesetzen und Verordnungen dieser Rechtsbereiche Vorschriften, die sich konkret an den Arzt wenden. Allerdings müssen wesentliche Fragen, die die ärztliche Tätigkeit aufwirft, aus allgemeinen Normen des Bürgerlichen Gesetzbuches oder des Strafgesetzbuchs beantwortet werden. So hat sich im Arztrecht, insbesondere im Arzthaftungsrecht, eine richterliche rechtsfortbildende Spruchpraxis entwickelt, die teilweise eine gewohnheitsrechtliche Geltung erlangt hat. Bisher ist von gesetzgeberischen Eingriffen im Bereich des Arzthaftungsrechts, so insbesondere bei der Ausgestaltung der konkret bestehenden Sorgfaltspflichten bei der ärztlichen Behandlung sowie bei der Aufklärung zur Erlangung der Behandlungseinwilligung, abgesehen worden. Denn nur die Rechtsprechung kann, jeweils unter Einhaltung der allgemein geltenden Rechtsgrundsätze, die stets vorhandenen Besonderheiten eines konkreten Einzelfalles berücksichtigen. Aufgrund der engen Berührung der Rechtswissenschaft mit der medizinischen Wissenschaft sowie der daraus resultierenden Vielzahl an entscheidungsfordernden Situationskonstellationen können Normen oder anderweitige gesetzgeberische Eingriffe diese Aufgabe nicht erfüllen.[3]

In dieser Abhandlung sollen die für den Zahnarzt geltenden Besonderheiten des Arzthaftungsrechts dargestellt werden. Darüber hinaus soll geprüft werden,

---

[1] Stand zum 31.12.2001 lt. Ärztestatistik der Bundesärztekammer unter www.bundesaerztekammer.de.

[2] Davon sind ca. 54.600 Zahnärzte in eigener oder gemeinschaftlicher Praxis niedergelassen, die weiteren behandelnd tätigen Zahnärzte sind Assistenten bzw. Vertreter sowie Beamte bzw. Angestellte, Quelle: KZBV Jahrbuch 2002, 148, zum Stand 31.12.2001.

[3] Vgl. zur Debatte um eine Reform des Arzthaftungsrechts: Laufs, NJW 1996, 2413 (2413); NJW 1998, 1750 (1755); NJW 2000, 1757 (1761).

soweit hierzu noch keine Rechtsprechung oder normenrechtliche Bestimmungen vorliegen, inwieweit die Besonderheiten des Arztrechts auf das Zahnarztrecht übertragbar sind.

Grundsätzlich lassen sich die für den Bereich des Arztrechts geltenden Normen sowie die sich aufgrund von Urteilen entwickelten Rechtsgrundsätze auf den Bereich der Zahnheilkunde übertragen; dies gilt beispielsweise für das Prozeßrecht eines zivilrechtlichen Haftungsprozesses, so insbesondere für die Beweislastregeln[4]. Ebenso gilt dies für die Grundsätze der Einwilligung des Patienten in die Behandlung sowie der damit im unmittelbaren Zusammenhang stehenden ärztlichen und zahnärztlichen Aufklärung.

Demgegenüber gilt es, die Besonderheiten des zahnärztlichen Behandlungsvertrages sowie des zahnärztlichen Behandlungsablaufes und Tätigkeitsfeldes zu erfassen. Hierzu zählt zunächst die Frage, um welche Vertragsart es sich bei dem zahnärztlichen Behandlungsvertrag handelt, wobei hier ein besonderes Augenmerk auf den auf eine prothetische Versorgung gerichteten zahnärztlichen Behandlungsvertrag gelegt wird.

Weiterhin soll, aufgrund der typisierten Kasuistik der Zivilgerichte im Arzthaftungsrecht, die Spruchpraxis zur Frage des Vorliegens eines Behandlungsfehlers im Rahmen einer zahnärztlichen Behandlung sowie zu den Anforderungen an eine wirksame Aufklärung vor einer zahnärztlichen Behandlung dargestellt werden.

Über die bisherige Rechtsprechung hinausgehend und in dem Versuch einer etwaigen Rechtsfortbildung soll zur Definition des Haftungsstandards in einem Schwerpunkt der Arbeit untersucht werden, ob die Rechtsprechung zum Facharztstandard im Bereich des humanmedizinischen Arzthaftungsrechts auf das Zahnarzthaftungsrecht übertragbar ist.

Schließlich bildet die Frage, ob der zivilrechtliche Haftungsmaßstab, der an den medizinischen Standard anschließt, bei der zahnärztlichen Behandlung im Bereich des Vertragszahnarztrechts durch die Vorgaben des sozialgesetzlichen Leistungskataloges möglicherweise eingeschränkt ist, einen weiteren Schwerpunkt der Betrachtung. Angesichts der zunehmenden Einengung des vertragszahnärztlichen Leistungskataloges, insbesondere auch im Hinblick auf die aktuellen Diskussionen zur Fassung des sog. Gesundheitsstrukturmodernisierungsgesetzes, mit dem zumindest die Versorgung mit Zahnersatz aus dem sozialgesetzlichen Leistungskatalog herausgenommen werden soll, wenn nicht

---

[4] So auch Deutsch, MedR 1998, 206 (207).

gar die gesamte zahnärztliche Behandlung, hat dieses Thema aufgrund der befürchteten „Zwei-Klassen-Medizin“ zwischen gesetzlich versicherten Patienten einerseits und privatversicherten Patienten (Selbstzahlern) andererseits aktuell an Brisanz gewonnen.

Um etwaige Besonderheiten des zahnärztlichen Haftungsrechts feststellen bzw. entwickeln zu können, bedarf es zunächst einer Darstellung des zahnärztlichen Tätigkeitsfeldes[5]:

Nach § 1 Abs. 3 Satz 1 des Gesetzes über die Ausübung der Zahnheilkunde – ZHKG[6] – umfaßt die Zahnheilkunde die Feststellung und Behandlung von Zahn-, Mund- und Kieferkrankheiten. Als Krankheit ist nach der Legaldefinition in § 1 Abs. 3 Satz 2 ZHKG „jede von der Norm abweichende Erscheinung im Bereich der Zähne, des Mundes und der Kiefer anzusehen, einschließlich Anomalien der Zahnstellung und des Fehlens von Zähnen“. Zum zahnärztlichen Tätigkeitsfeld zählen daher ausschließlich die Behandlungsmaßnahmen, die vom Behandlungsansatz her in den Bereich der Zähne, des Mundes und der Kiefer, einschließlich des dazugehörigen Gewebes, fallen, nicht dagegen solche, die nur „mittelbar“ mit diesen Körperbereichen im Zusammenhang stehen, sog. „ganzkörperliche finale Behandlungen von Mund-, Zahn- und Kieferkrankheiten“[7]. Daneben sind Zahnärzte nach der entsprechenden EG-Richtlinie[8] allgemein zur Aufnahme und Ausübung der Tätigkeit der Verhütung, Diagnose und Behandlung von Anomalien und Krankheiten der Zähne, des Mundes und des Kiefers sowie des dazugehörigen Gewebes berechtigt.

Bei richtiger Auslegung dieser Vorschriften dürfen Zahnärzte daher nicht auf den sog. „dento-alveolären“ Bereich, der die Zähne, die Mundhöhle und den zahntragenden Kiefer umfaßt, begrenzt werden. Denn eine derartige Einschränkung findet sich angesichts der Formulierung, nach der der Kiefer insgesamt einen Gegenstand der Zahnheilkunde darstellt, nicht.

---

[5] Zur Geschichte der Zahnmedizin, insbesondere im Verhältnis zur Humanmedizin, siehe: Muschallik/Ziermann, Zukunftsperspektiven der vertragszahnärztlichen Versorgung, 53 ff., mwN.

[6] Vom 31.3.1952 (BGBl. 1952, 221) idF vom 16.4.1987 (BGBl. 1987, 1225), zuletzt geändert durch Art. 13 des Gesetzes vom 27.4.2002 (BGBl 2002 I, 1464).

[7] OVG Nordrhein-Westfalen MedR 1999, 187 (188); für unzulässig erachtete das Gericht die Begleitbehandlung einer Nierenausscheidungsschwäche bei Amalgamentgiftung, Gesprächstherapie bei Bruxismus, Symbiosebehandlung des Darms bei Parodontosebehandlung.

[8] Artikel 5 Abs. 1 der EWG-Richtlinie Nr. 78/687 zur Koordinierung der Rechts- und Verwaltungsvorschriften für die Tätigkeiten des Zahnarztes vom 25.7.1978.

Entscheidend für die Frage, ob im Einzelfall noch eine Erkrankung im Sinne der Zahnheilkunde vorliegt, ist nach der maßgeblichen Entscheidung des Oberlandesgerichts Zweibrücken[9] allein, ob sich die medizinischen Maßnahmen auf die genannten Körperregionen oder auf dort auftretende Krankheiten beziehen. Nach dieser Entscheidung zählen endoskopische Kieferhöhlenuntersuchungen (Antroskopien) zur Diagnostik von den Zähnen ausgehender Krankheiten, Kieferhöhlenoperationen (z.B. „Sinus-Lift-Operation", „radix in antro", Rekonstruktionsmaßnahmen im Rahmen der Traumatologie), kieferorthopädische Chirurgie (z.B. Diastema- und Progenie-Operation sowie Dysgnathie-Chirurgie) zur Zahnheilkunde. Extraorale Behandlungen dürfen danach nur ausnahmsweise von einem Zahnarzt vorgenommen werden, und zwar dann, wenn ein Behandlungsübergriff auf einen grundsätzlich nicht mehr zur Zahnheilkunde zählenden, aber angrenzenden Bereich die Behandlung der Zähne und des umgebenden Gewebes bezweckt.

Das Behandlungsspektrum eines Zahnarztes läßt sich grundsätzlich aufteilen in

- **Allgemeine zahnärztliche Leistungen,**
  z.B. Untersuchungen, Aufstellung eines Heil- und Kostenplanes, Abformung des Kiefers für Situationsmodelle, Lokalanästhesien

- **Prophylaktische Leistungen (Individualprophylaxe)**[10]**,**
  z.B. Erstellung eines Mundhygienestatus, Unterweisung zur Vorbeugung von Zahn- und Zahnfleischerkrankungen, Kontrolle des Übungserfolges, Fluoridierung der Zähne

- **Konservierende Leistungen,**
  z.B. Vorbereitung zur Füllung eines Zahndefektes, Setzen einer Füllung, Aufbaufüllung, Einlagefüllung (Inlay, Onlay, Overlay), Stiftverankerung, Polieren einer Füllung, Entfernen von Kronen, Brücken, Wurzelstiften, Wurzelbehandlungen (endodontische Behandlungen), Einschleifmaßnahmen

- **Chirurgische Leistungen,**
  z.B. Extraktion, Osteotomie (Entfernung eines im Knochen eingelagerten bzw. verlagerten Zahnes unter Durchtrennung von Knochen), Wurzelspitzenresektion, Inzision (Abzesseröffnung), Exzision (Ausschneidung von Schleimhaut oder Granulationsgewebe), Reimplantation und Transplantation eines Zahnes, Zystenoperation

---

[9] OLG Zweibrücken MedR 1999, 219.

[10] Das Thema Individualprophylaxe wird in dieser Arbeit nicht behandelt werden; es wird hierzu auf die Dissertation aus 2002 v. Kögel, Die Haftung des Zahnarztes für unterlassene Individualprophylaxe, verwiesen.

- **Leistungen bei Erkrankungen der Mundschleimhaut und des Parodontiums (Zahnhalteapparat),**
  z.B. Lokalbehandlung von Mundschleimhauterkrankungen, Entfernen harter und weicher Belege, chirurgische Maßnahmen am Zahnfleisch, Auffüllen parodontaler Knochendefekte

- **Prothetische Leistungen,**
  z.B. Eingliederung von Provisorien, Versorgung eines Zahnes mit (Teil-) Kronen, Versorgung eines Lückengebisses bzw. eines teilbezahnten oder zahnlosen Kiefers mit Brücke oder Prothese, Unterfütterung einer Prothese

- **Kieferorthopädische Leistungen,**
  z.B. Maßnahmen zur Umformung eines Kiefers, Maßnahmen zur Herstellung und Eingliederung kieferorthopädischer Behandlungsmittel (Brackets, Bänder, Headgear, Kopf-Kinn-Kappe), Kontrolle des Behandlungsablaufes

- **Aufbißbehelfe und Schienen,**
  z.B. Eingliederung von Aufbissbehelfen, Schienen, Langzeitprovisorien

- **Funktionsanalytische und funktionstherapeutische Leistungen,**
  z.B. Ermittlung und Behandlung von Funktionsstörungen im Systemkreislauf des stomatognathen Systems (Mund-Kiefer-System)

- **Implantologische Leistungen,**
  z.B. implantatbezogene Analyse und Vermessung des Kieferkörpers, Präparieren einer Knochenkavität (Knochenhohlraum), Einbringen eines Implantates, Freilegen eines Implantates sowie Einfügen eines Sekundärteils (Verbindungsstück zwischen Implantat und Suprakonstruktion)

Die zahnärztlichen Leistungen werden, soweit es sich bei dem Patienten um ein Mitglied einer gesetzlichen Krankenkasse gemäß § 5 SGB V (pflichtversichert) oder gemäß § 9 SGB V (freiwillig versichert), sog. „Kassenpatienten", handelt, und der Behandler als Mitglied einer Kassenzahnärztlichen Vereinigung zur vertragszahnärztlichen Versorgung zugelassen ist, auf Grundlage des Einheitlichen Bewertungsmaßstabes für zahnärztliche Leistungen - BEMA-Z[11] -, berechnet. Dabei ist zu berücksichtigen, daß nicht alle aufgeführten zahnärztlichen Leistungen in das Leistungsspektrum der vertragszahnärztlichen Versorgung fallen; so ist insbesondere nur in wenigen Ausnahmefällen eine Vergütung auf

[11] Gemäß § 87 Abs. 1, 2 SGB V; bis 31.12.1988 gem. § 368g Abs. 4 RVO.

Grundlage des BEMA-Z für implantologische oder, soweit es erwachsene Patienten betrifft, prophylaktische Leistungen vorgesehen.[12]

Bei sog. Selbstzahlern, d.h. privatversicherten Patienten, sowie bei gesetzlich versicherten Patienten, die eine nicht im BEMA-Z enthaltene Leistung ausdrücklich wünschen und eine entsprechende Vereinbarung mit dem Zahnarzt getroffen haben, erfolgt die Berechnung auf Grundlage der Gebührenordnung für Zahnärzte - GOZ[13] -, die bei Lücken auf die Gebührenordnung für Ärzte - GOÄ[14] - zurückgreifen läßt.

12 Zum Umfang der vertragszahnärztlichen Versorgung siehe im einzelnen Kapitel IV.4.a).

13 Vom 22.10.1987 (BGBl. I 1987, Nr. 48), in Kraft getreten zum 1.1.1988.

14 Vom 16.4.1987 (BGBl I 1987, 1218), in Kraft getreten zum 1.1.1988 in der Fassung vom 18.12.1995 (BGBl 1995, 1861).

II. Zivilrechtliche Haftungsgrundlagen

Gegenstand zahnärztlicher Haftungsprozesse ist regelmäßig die Frage, ob eine zahnärztliche Behandlung indiziert war, diese Behandlung sorgfaltsgerecht und rechtzeitig durchgeführt oder ob eine indizierte Behandlung fehlerhaft unterlassen worden ist.

Dabei betrifft der überwiegende Anteil der Haftungsprozesse, in die ein Zahnarzt involviert ist, den Bereich der Prothetik, d.h. der Versorgung mit Zahnersatz. Das erhöhte Konfliktpotential resultiert vermutlich primär aus dem Umstand, daß die Kosten für Zahnersatz nicht allein von der gesetzlichen Krankenkasse oder der privaten Krankenversicherung getragen werden, sondern in der Regel ein mehr oder weniger erheblicher Eigenanteil durch den Patienten selbst zu zahlen ist. So muß der gesetzlich versicherte Patient gemäß § 30 Abs. 2 Satz 1 SGB V grundsätzlich 50 % der Kosten für die zahnärztlich-prothetische Behandlung selbst tragen; bei Nachweis eigener Bemühungen zur Gesunderhaltung, insbesondere regelmäßiger Zahnarztbesuche, kann sich dieser Patientenanteil gemäß § 30 Abs. 2 Satz 3 und 5 SGB V auf 40 - 35 % der Kosten reduzieren. Auch nach den meisten Tarifen der privaten Krankenversicherungen verbleiben dem Patienten von ihm zu entrichtende Eigenanteile.

Hinzu kommt, daß nach verschiedenen Studien[15] im Hauptinteresse eines Patienten primär das ästhetische und erst danach das funktionelle Ergebnis einer prothetischen Versorgung steht. Daraus ergeben sich häufig übersteigerte Erwartungen an die Ergebnisse einer prothetischen Behandlung, die objektiv nicht herzustellen sind oder jedenfalls nicht zu dem üblichen Preis, den Zahnarzt aber mit nicht objektivierbaren Beschwerden konfrontieren.

Allerdings nehmen auch die Haftungsfälle aus zahnärztlich-chirurgischen Behandlungen zu. Dabei sind Gegenstand einer gerichtlichen Überprüfung hauptsächlich Verletzungen nach Zahnextraktionen, insbesondere nach Weisheitszahnentfernungen. Zunehmend bilden auch implantologische Behandlungen, d.h. die operative Insertion künstlicher Zahnwurzeln, auf die anschließend eine prothetische Versorgung gegliedert wird, Gegenstand einer gerichtlichen Auseinandersetzung zwischen Patient und Zahnarzt. Dabei ist weniger die Frage der Indikation der Behandlung, als vielmehr die Frage einer sorgfaltsgerechten Einbringung der Implantate Gegenstand der Streitigkeiten.

Die zivilrechtlichen Grundlagen für die Durchsetzung von Schadensersatzansprüchen nach einem Behandlungsfehler sind einerseits die Anspruchsgrundlage

---

[15] So z.B. Müller-Fahlbusch, ZM 1987, 600 (60); Gall, DZZ 1983, 735 (736).

aus Deliktsrecht gemäß § 823 BGB sowie die Anspruchsgrundlage aus Vertragsrecht gemäß § 280 BGB.[16]

Einer der früher wesentlichen Unterschiede zwischen den beiden Anspruchsgrundlagen, die unterschiedliche Verjährungszeit, besteht seit dem am 1.1.2002 in Kraft getretenen Schuldrechtsmodernisierungsgesetz und der darin enthaltenen einheitlichen Verjährungsregelung nicht mehr.[17]

Auch die unterschiedliche Einstandspflicht für Schäden hat sich zwischenzeitlich, und zwar mit Inkrafttreten des Schadensersatzänderungsgesetzes zum 1.8.2002[18], zunehmend angeglichen. Vor der Gesetzesreform waren auf Grundlage vertraglicher Ansprüche gemäß §§ 249 ff. BGB lediglich materielle Schäden erstattungsfähig; hinzu kam bei der Verletzung von Personen auch deren Heilungs- und Pflegekosten einschließlich der Aufwendungen für Krankenhausbesuche naher Angehöriger[19] sowie gemäß § 252 BGB ein entgangener Gewinn. Demgegenüber gewährt das Deliktsrecht gemäß § 847 BGB Schmerzensgeld für immaterielle Einbußen sowie gemäß § 844 BGB Ersatz für Unterhaltsverlust bei Tod. Nunmehr sind gemäß §§ 253, 823 Abs. 1 BGB auch über die vertragliche Anspruchsgrundlage immaterielle Ansprüche, insbesondere die Zahlung eines Schmerzensgeldes, durchsetzbar.

Es verbleibt allerdings auch nach Inkrafttreten des Schuldrechtsmodernisierungsgesetzes bei dem unterschiedlichen Einstehenmüssen für das Verhalten von Hilfspersonen. Danach muß der Vertragspartner nach § 278 BGB für das schuldhafte Verhalten seines Erfüllungsgehilfen haften, ohne daß er sich für dessen Verhalten entlasten kann. Demgegenüber kann sich der grundsätzlich nach § 831 BGB für das Verhalten seines Verrichtungsgehilfen deliktisch haftende Anspruchsgegner entlasten (exkulpieren), wenn er das vermutete Auswahl- und Weisungsverschulden widerlegen kann. Allerdings hat die Rechtsprechung im Bereich des Arzthaftungsrechts die Anforderungen an die Exkulpationsmöglichkeit erhöht und weicht, bei grundsätzlicher Exkulpationsmöglichkeit, auf das Organisationsverschulden aus, so daß im Ergebnis die Einstandspflichten für Hilfspersonen nach Vertrags- und nach Deliktsrecht nahezu übereinstimmen.[20] Daneben verbleibt es allerdings weiterhin bei der rein

---

16 Einen ersten Überblick über die zivilrechtliche Haftung des Zahnarztes gibt, wenn auch inzwischen weitestgehend überholt: Deutsch, VersR 1983, 993 ff.

17 Vom 26.11.2001 (BGBl I 2001, 3137); auch Mansel, NJW 2002, 89 ff; siehe hierzu unten Teil VI.

18 Vom 19.7.2002 (BGBl. 2002 I 2674).

19 BGH NJW 1989, 766.

20 Laufs in: Laufs/Uhlenbruck, § 97 Rn. 12.

deliktischen Haftung des Arztes, mit dem kein Behandlungsvertrag geschlossen worden ist, so insbesondere bei angestellten Ärzten und Urlaubsvertretern.

1. Deliktische Ansprüche gemäß § 823 BGB

Nach § 823 BGB ist derjenige, der vorsätzlich oder fahrlässig das Leben, den Körper, die Gesundheit, die Freiheit, das Eigentum oder ein sonstiges Recht eines anderen widerrechtlich verletzt, diesem zum Ersatz des daraus resultierenden Schadens verpflichtet. Eine deliktische Haftung kommt somit auch dann in Betracht, wenn es gänzlich an einem Behandlungsvertrag zwischen Patient und Zahnarzt fehlt.

Der ärztliche und zahnärztliche Heileingriff stellt nach ständiger, wenn auch umstrittener, Rechtsprechung[21] sowie einem Teil der Literatur[22] eine Körperverletzung gemäß § 223 StGB dar. Daher haftet der Behandler für einen entstandenen Schaden, wenn der Patient in den ärztlichen Eingriff nicht oder nicht wirksam eingewilligt hat.[23] Dabei ist entscheidend zu berücksichtigen, daß die Einwilligung des Patienten nur den regelgerechten, sorgfaltsfehlerfreien ärztlichen oder zahnärztlichen Eingriff rechtfertigen kann. Erleidet ein Patient durch eine regelwidrige ärztliche oder zahnärztliche Behandlung einen Schaden, so ist die deliktische Verantwortlichkeit des behandelnden Zahnarztes mit den Folgen der §§ 823 ff. BGB unstreitig gegeben.

Die Gegenansicht[24] vertritt dagegen die Ansicht, daß die Intention des behandelnden Arztes regelmäßig auf einen Heileingriff gerichtet ist, so daß der körperliche Zustand des Patienten nicht verschlechtert, sondern verbessert werden soll. Es sei somit nur dann die körperliche Integrität des Patienten verletzt, wenn der ärztliche Eingriff fehlerhaft war und somit keinen Heileingriff darstellen konnte. War der Heileingriff fehlerfrei, so könne sich allenfalls aus dem ebenfalls in § 823 BGB geschützten Persönlichkeitsrecht, welches durch den eigenmächtigen Heileingriff verletzt worden ist, ein Schmerzensgeldanspruch des Patienten ergeben.

---

21 RGSt 25, 375; BGH NJW 1958, 267; BGH NJW 1988, 2310.

22 Horn in: SK-StGB § 223 Rn. 31 m.w.N.; Krey, Rn. 219 ff.

23 RG RGSt 25, 375; BGH BGHSt 11, 111; BGH BGHZ 29, 49; BGH MDR 1971, 918 f. (919); OLG Köln NJW 1978, 1690; andere Auffassungen werden hierzu ausschließlich in der Literatur vertreten, so z.B. Engisch, ZStW 1958, 566 (592).

24 Laufs, NJW 1974, 2025 ff.; Katzenmeier, ZRP 1997, 156 ff.; Tag, Der Körperverletzungstatbestand im Spannungsfeld zwischen Patientenautonomie und Lex artis, 165 ff, 435 ff.

Grundsätzlich kommt die Auffassung, der ärztliche Heileingriff sei eine Körperverletzung, einer Kriminalisierung der Gruppe der Ärzte gleich. Denn nach dieser Auffassung begeht ein Arzt fortlaufend vorsätzliche Körperverletzungen, deren Strafbarkeit nur durch eine rechtfertigende Einwilligung des Patienten beseitigt wird. Angesichts der Aufgabe des Staates, die Gesundheit seiner Bevölkerung zu fördern, herzustellen sowie zu erhalten, ist jedoch eine derartige Stigmatisierung aller Ärzte, die zwar nicht für den Staat, aber zumindest in dessen Sinne handeln, nicht sinnvoll und ist daher abzulehnen. Insofern war zu begrüßen, daß in einem, im Laufe der Verhandlungen allerdings wieder zurückgezogenen, Entwurf eines 6. Gesetzes zur Reform des Strafrechts vorgesehen war, neue Rechtsgrundlagen für die strafrechtliche Beurteilung im Bereich der eigenmächtigen Heilbehandlung einerseits, als auch im Bereich der behandlungsfehlerhaften Heilbehandlung andererseits zu schaffen.[25]

Allerdings berücksichtigt die aus den voranstehenden Erwägungen grundsätzlich zu bevorzugende Auffassung, wonach ein ärztlicher Eingriff stets ein Heileingriff ist und somit nicht das Unwerturteil einer Körperverletzung enthalten kann, nicht, daß zunehmend ärztliche Behandlungen nicht allein der Heilung dienen. So fallen zwar jegliche Eingriffe und Behandlungen, die zum Zwecke der Verhütung, Erkennung, Heilung oder Linderung von Krankheiten, Leiden, Körperschäden, körperlichen Beschwerden oder seelischen Störungen nicht-krankhafter Natur vorgenommen werden, unter den Begriff der Heilbehandlung.[26] Keine Heilbehandlung im eigentlichen Sinne sind danach jedoch beispielsweise Impfungen, Sterilisation, Schwangerschaftsabbruch sowie kosmetische Operationen. Insbesondere auch im zahnärztlichen Bereich wird ein steigend hoher Anteil an Behandlungen aus rein ästhetischen Gründen verzeichnet, so beispielsweise der Austausch dunkler, aber funktionstüchtiger Füllungen gegen helle Füllungen, die Vornahme von Verblendungen über Kronen im hinteren Seitenzahnbereich, das Einsetzen von Veneers bei verfärbten oder unregelmäßigen Frontzähnen oder auch das Einsetzen von Schmucksteinen. Diese Behandlungsmaßnahmen haben nur äußerst selten eine psychisch begründete Indikation, wie es andererseits teilweise bei Brustvergrößerungen bzw. -verkleinerungen und Fettabsaugungen durchaus medizinisch begründet werden kann, sondern dienen allein dem ästhetischen Empfinden des Patienten.[27] In diesen Fällen kann daher nicht von einem

---

[25] Katzenmeier, ZRP 1997, 156 ff.; Eser, FS für Hirsch 1999, 465 ff; Schreiber, FS für Hirsch 1999, 713 ff.

[26] Uhlenbruck, DMW 1968, 271.

[27] Mit dieser Begründung hatte das FG Berlin am 12.11.2002 – 7 K 7264/02 entschieden, daß „medizinisch nicht indizierte Schönheitsoperationen" der Umsatzsteuer unterfallen. Einige Oberfinanzbehörden (so OFD Nürnberg vom 7.4.2003 – S7170 – 130/St 43) haben daraufhin festgelegt, daß ab 1.1.2004 „ästhetisch-plastische Leistungen eines Chirurgen

Heileingriff gesprochen werden; vielmehr ist deren Vornahme nur in den wenigsten Fällen medizinisch indiziert.

Dabei ist zu beachten, daß grundsätzlich der ohne medizinische Indikation, somit ohne Heilungswillen, durchgeführte Eingriff, selbst wenn er auf ausdrücklichen Wunsch des Patienten erfolgt, Schadensersatzansprüche auslösen kann.[28] Denn hier bestimmt sich das ärztliche Handeln nach § 228 StGB, wonach eine Körperverletzung auch bei Einwilligung durch den Patienten stets dann rechtswidrig ist, wenn die Tat trotz der Einwilligung gegen die guten Sitten verstößt. Eine reine Wunschbehandlung, deren Durchführung weder indiziert ist noch zum Zwecke einer Heilung durchgeführt wird, kann danach gegen die guten Sitten verstoßen, so daß die Einwilligung unwirksam wäre. Die Grenze zur Strafbarkeit liegt somit bei der Art des gewünschten ärztlichen Eingriffes und dessen etwaiger Bewertung als sittenwidrig: Wenn eine Sittenwidrigkeit angenommen wird, so ist der ärztliche Eingriff wegen der Nichtigkeit der entsprechenden Einwilligung des Patienten strafbar.[29] Bei kosmetischen Eingriffen, gerade auch im Bereich der Zahnheilkunde, wird jedoch regelmäßig eine Sittenwidrigkeit abzulehnen sein, so daß die Einwilligung in die Behandlung zur Erlangung eines kosmetischen Erfolges ausreichend ist, die Rechtswidrigkeit der strafbaren Körperverletzung zu beseitigen.[30] Hiervon abzugrenzen sind die Fälle, in denen eine Kontraindikation vorliegt: bei einer kontraindizierten

---

(Schönheitsoperationen) grundsätzlich umsatzsteuerpflichtig seien. Hierunter fallen im zahnärztlichen Bereich ggfs. auch rein ästhetisch begründete Behandlungen wie Bleeching und Keramikverblendungen. Allerdings ist die Entscheidung nicht rechtskräftig und wird vom Bundesfinanzhof überprüft werden.

28 Ulsenheimer in: Laufs/Uhlenbruck, § 139 Rn 39; OLG Hamm OLG-Report 2001, 142.

29 So ist beispielsweise das Doping von Sportlern als Körperverletzung anzusehen, LG Berlin v. 31.8.1998 – (534) 28 Js 39/97 KLs (17/98), siehe zur Problematik des Dopings ausführliche Literaturhinweise: Ulsenheimer in Laufs/Uhlenbruck § 139 Fn. 140. Bei geschlechtsändernden Operationen neigte die Rechtsprechung, zumindest früher, dazu, pauschal eine Sittenwidrigkeit anzunehmen, nach BGHZ 57, 63 (71) sollte der Eingriff nur zur Abwehr „schwerster seelischer Beeinträchtigungen" als nicht sittenwidrig anzusehen sein; beachte aber hierzu das Transsexuellen-Gesetz v. 10.9.1980 (BGBl 1980 I, 1654). Als nicht sittenwidrig wird inzwischen die freiwillige Sterilisation (hierzu Ulsenheimer, Arztstrafrecht in der Praxis, Kapitel 22 §§ 126, 127), die Wunschsectio (hierzu Ulsenheimer in: Laufs/Uhlenbruck § 138 Rn. 6a) sowie die Vornahme experimenteller Eingriffe im Interesse der Erforschung von Krankheitsursachen bzw. –verläufen und die Erprobung neuer Heil- sowie Arzneimittelverfahren (siehe hierzu LK-Hirsch § 228 Rn. 47) angesehen.

30 Ulsenheimer in: Laufs/Uhlenbruck § 139 Rn. 40; Schönke/Schröder/Eser § 223 Rn. 50 b; LK-Hirsch § 228 Rn. 44, 45 m.w.N.; Kohlhaas, DMW 1964, 1660, 1718 und SK-Horn § 226a Rn. 20 gehen von einer Gleichstellung des kosmetischen Eingriffs mit dem Heileingriff aus, so daß hiernach bei lege artis vorgenommener Behandlung bereits der objektive Tatbestand der Körperverletzung nicht vorliegt.

Behandlung handelt es sich um einen Behandlungsfehler; in einen Behandlungsfehler kann jedoch nicht eingewilligt werden[31], so daß nicht der Umweg über eine „sittenwidrige Einwilligung" beschritten werden muß.[32]

Hinsichtlich der deliktischen Haftung des Zahnarztes bestehen im Übrigen keine Abweichungen gegenüber dem Deliktsrecht in allgemeinen Arzthaftungsangelegenheiten.[33]

2. Vertragliche Ansprüche

Parallel zu der Anspruchsgrundlage aus Deliktsrecht kann der geschädigte Patient ferner Ansprüche aus dem zwischen dem Behandler und dem Patienten geschlossenen Vertrag, dem Behandlungsvertrag, herleiten. Seit Inkrafttreten des Schadensersatzänderungsgesetzes zum 1.8.2002[34] hat die Anspruchsgrundlage aus Vertrag im Rahmen des ärztlichen und zahnärztlichen Haftungsrechts erheblich an praktischer Bedeutung gewonnen, da nunmehr auch immaterielle Ansprüche, insbesondere die Zahlung von Schmerzensgeld, gemäß §§ 253, 823 Abs. 1 BGB über die vertragliche Anspruchsgrundlage durchsetzbar sind.

a) Vertragsart bei allgemein-zahnärztlicher Behandlung

Fraglich ist, welche Art Vertragstyp der auf eine zahnärztliche Behandlung gerichtete Vertrag darstellt und ob die Grundsätze des zu dem auf eine rein ärztliche Behandlung gerichteten Vertrages übertragbar sind.

Der auf eine rein ärztliche Behandlung gerichtete Vertrag ist grundsätzlich als ein Dienstvertrag höherer Art einzuordnen[35]. Denn Grundlage des ärztlichen

---

31 Kern/Laufs, Die ärztliche Aufklärungspflicht, 68.

32 So fand sich noch in der sog. Zahnextraktionsentscheidung des BGH (NJW 1978, 1206 - nicht-indizierte Extraktion von Zähnen auf Wunsch der Patientin) die dogmatische Begründung über die „sittenwidrige Einwilligung". Nach OLG Karlsruhe (MedR 2003, 104) ist klargestellt, daß eine kontraindizierte Behandlungsmaßnahme einen Behandlungsfehler darstellt.

33 Vgl. dazu Rehborn, Arzt-Patient-Krankenhaus, G.I.2.; Laufs in: Laufs/Uhlenbruck, aaO, § 103.

34 BGBl. 2002 I 2674.

35 Statt vieler: BGH, MDR 1975, 310; OLG Köln, MedR 1994, 198; Kern, Arzt-, Behandlungsvertrag (335) in: Rieger, Lexikon des Arztrechts, Rn. 2 ; Scheuffler, Zahnärztlicher Behandlungsvertrag (5660) in: Rieger, aaO., Rn. 1; eine andere Auffassung hierzu vertritt lediglich Jakobs, NJW 1975, 1437 ff, der für die (gesamte) zahnärztliche Behandlung – wie auch bei der Tätigkeit des Chirurgen – die Geltung des Werkvertragsrechts annimmt.

Behandlungsvertrages ist ein auf gegenseitiges Vertrauen aufbauendes Dienstverhältnis, das den Arzt nicht zur Heilung des Patienten, allerdings zu dessen Behandlung unter Einhaltung der ärztlichen Sorgfalt verpflichtet. Es greifen daher die Regelungen des Dienstvertragsrechts nach den §§ 611 ff. BGB.

Soweit sich die Behandlung auf konservierend-chirurgische, kieferorthopädische u.ä. Behandlungsvorgänge beschränkt, also eine zahnärztlich-medizinische Behandlungstätigkeit im eigentlichen Sinne, unterscheiden sich die Rechtsbeziehungen zwischen Zahnarzt und Patient nicht von den vertraglichen Beziehungen zwischen Arzt und Patient. Somit ist auch der Zahnarzt zur Behandlung des Patienten unter Berücksichtigung der anerkannten Standards der medizinischen Wissenschaft und Technik verpflichtet, ohne für das Ergebnis seiner Behandlung ein Erfolgsversprechen abgeben zu müssen[36]. Hält der Zahnarzt den aktuellen wissenschaftlichen oder technischen Standard nicht ein, so verstößt er gegen die ihm als Vertragspflicht obliegende Sorgfaltspflicht.

Nach der Verletzung einer Vertragspflicht ist es dem Zahnarzt auf Grund des erfolgten zahnärztlichen Eingriffes, z.B. der Extraktion eines Zahnes, regelmäßig nicht möglich, den ursprünglichen Zustand wiederherstellen, so daß er nicht auf die Wiederholung primärer Leistungspflichten, sondern lediglich auf den Ersatz eines eingetretenen Schaden haftet. Die Vorschriften zum Schadensausgleich haben sich, zwar nicht inhaltlich, jedoch von der Rechtsgrundlage her, zum 1.1.2002 geändert: Bisher fand sich im Gesetz keine Regelung für den Fall einer Schlechtleistung, so daß die Rechtsprechung das Institut der positiven Forderungsverletzung[37] entwickelte; mit Inkrafttreten des Gesetzes zur Modernisierung des Schuldrechts[38] zum 1.1.2002 wurde die positive Forderungsverletzung in § 280 BGB erstmals kodifiziert. Danach ist der Arzt bzw. Zahnarzt dem Patienten gegenüber im Falle einer schuldhaften Schlechtleistung zum Ersatz des aus der Schlechtleistung resultierenden Schadens verpflichtet.

Zur Begründung führt er an, dass die Tätigkeit des Zahnarztes rechtlich der des Chirurgen gleichzustellen sei: in beiden Fällen werde nicht die Heilung von einer Krankheit, sondern die Herbeiführung eines bestimmten Erfolges (z.B. Entfernung eines Blinddarmes oder eines Zahnes) geschuldet. Diese Auffassung ist als überholt anzusehen.

36 BGH BGHZ 8, 138.

37 Bis zum Inkrafttreten der Schuldrechtsreform erfolgte der Ausgleich über die positive Forderungsverletzung (pFV), siehe hierzu: Uhlenbruck/Laufs in: Laufs/Uhlenbruck, aaO., § 39 Rn. 22.

38 In der Fassung vom 26.11.2001(BGBl. I 2001, Nr. 61).

b) Vertragsart bei zahnärztlich-prothetischer Behandlung

Fraglich ist, ob die dargestellten Grundsätze zur vertraglichen Zuordnung eines auf zahnärztliche Leistungen gerichteten Behandlungsvertrages auf den Bereich der zahnärztlich-prothetischen Behandlung übertragbar sind. Dies erscheint zweifelhaft, da in den Fällen einer zahnärztlich-prothetischen Behandlung der Gegenstand des Behandlungsvertrages nicht nur die rein zahnärztlich-medizinische Tätigkeit ist, sondern darüber hinaus die Herstellung eines Werkes, d.h. des Zahnersatzes, zwischen den Parteien vereinbart worden ist. Bis heute ist daher mehr oder weniger umstritten, ob im Rahmen der prothetischen Behandlung ein Werk- oder ein Dienstvertrag zwischen den Parteien geschlossen wird – ersteres würde den Zahnarzt zur Erbringung eines Arbeitserfolges verpflichten, während bei letzterem die Arbeitsleistung im Vordergrund steht.

aa) Werkvertrag

Zunächst wurde davon ausgegangen, daß der auf die prothetische Versorgung gerichtete Vertrag einen reinen Werkvertrag darstelle, da das Ziel eines derartigen Vertrages zwischen Zahnarzt und Patient die Funktionstüchtigkeit eines Zahnersatzes ist.[39]

Allerdings berücksichtigte diese Betrachtungsweise nicht, daß im Rahmen einer prothetischen Versorgung auch zahnärztlich-medizinische Behandlungsschritte notwendig sind, so beispielsweise die Präparation von Pfeilerzähnen oder das Einschleifen einer eingegliederten Brücke zur Beseitigung von Frühkontakten.

bb) Werklieferungsvertrag

Teilweise ging die frühere Rechtsprechung davon aus, daß zwischen Zahnarzt und Patient ein Werklieferungsvertrag gemäß § 651 BGB a.F. vorliege, wenn der Zahnarzt die Verpflichtung zur ordnungsgemäßen Herstellung und Einfügung einer Prothese oder Brücke bzw. zur Überkronung von Zähnen übernommen hat[40]. Ein Werklieferungsvertrag war bis zum Inkrafttreten des Schuldrechtsmodernisierungsgesetzes[41] ein eigenständiger Vertragstyp, der den Unternehmer verpflichtete, ein Werk aus einem von ihm zu beschaffenden Stoff herzustellen. War der Vertrag auf nicht-vertretbare Sachen, d.h. Sonderan-

---

39 LG Hannover NJW 1980, 1340 f.

40 RG RGZ 95, 322; OLG Karlsruhe NJW 1967, 1512; LG Hannover NJW 1956, 1640.

41 Vom 26.11.2001 (BGBl I 2001, 3137).

fertigungen, gerichtet, wie es bei der Herstellung von Zahnersatz der Fall ist, so galten die Vorschriften des Werkvertragsrechts.[42] Danach sollte das fachgerechte Arbeitsergebnis, d.h. die Funktionstüchtigkeit des Zahnersatzes, das Wesen eines zahnprothetischen Behandlungsvertrages darstellen und nach werkvertraglichen Vorschriften zu beurteilen sein. Somit begegnet diese Auffassung denselben Bedenken wie die Auffassung, wonach ein reiner Werkvertrag vorliegen soll.

cc) Dienstvertrag

Zwischenzeitlich überwiegt in der Rechtsprechung jedoch die Auffassung, daß der gesamte zahnprothetische Behandlungsvertrag nach Dienstvertragsrecht zu beurteilen ist. Denn die geschuldeten werkvertraglichen Leistungen, d.h. die medizinische Technik, stellen nach richtiger Auffassung lediglich untergeordnete Bestandteile der zahnärztlichen Behandlung dar[43].

Teilweise wird diese richtige Auffassung damit begründet, daß sowohl in dem Gesetz zur Ausübung der Zahnheilkunde (ZHKG) sowie in der Gebührenordnung für Zahnärzte (GOZ) die prothetische Zahnheilkunde als Heilbehandlung bezeichnet wird.[44] Zu Recht begründet die Rechtsprechung ihre Auffassung insbesondere damit, daß das Vorliegen physischer und psychischer Faktoren bei dem Patienten außerhalb des Einflußbereiches des Zahnarztes, welche die Funktionsfähigkeit eines Zahnersatzes negativ beeinflussen können, nicht zulasse, daß die strengen Grundsätze der Erfolgshaftung des Werkvertragsrechts auf die prothetische Zahnbehandlung anwendbar wäre.[45]

Fraglich ist, inwieweit in Einzelfällen auch den rein werkvertraglichen Elementen des Behandlungsvertrages Rechnung getragen werden kann. Nach der Rechtsprechung sind die werkvertraglichen Elemente auf Grund des Gesamtcharakters der zahnärztlichen Leistung weitgehend nicht zu berücksichtigen.[46] Stattdessen sind alle mit der zahnprothetischen Versorgung zusammenhängenden Leistungen, d.h. sowohl die „Zahnbehandlung“ als auch die „Zahnversorgung“ einschließlich der Einpassung des Zahnersatzes, als Dienstleistun-

---

42 Demgegenüber galt gemäß § 651 BGB a.F., sobald eine vertretbare Sache herzustellen war, das Kaufvertragsrecht.

43 BGH MDR 1975, 310; OLG Zweibrücken NJW 1983, 2094; OLG Köln MedR 1994, 198 f.; OLG Koblenz NJW-RR 1994, 52; OLG Oldenburg NJW-RR 1996, 1267.

44 Oexmann, Die zivilrechtliche Haftung des Zahnarztes, Rn. 28 ff.

45 OLG Düsseldorf v. 12.6.1986 - 8 U 279/84.

46 LG Offenburg NJW 1959, 817; LG Bremen NJW 1965, 2015.

gen höherer Art i.S.d. § 611 BGB anzusehen.[47] Auch die Fertigung und Einpassung von Zahnkronen unterfällt nach dieser Auffassung als zahnärztliche Leistung dem Dienstvertragsrecht.[48] Diese Rechtsprechung läßt sich auf jegliche Zahnfüllungen, einschließlich Inlays, uneingeschränkt übertragen.[49]

In der Umsetzung dieser Auffassung ist jedoch die Rechtsprechung nicht konsequent. So billigt sie, eben um den werkvertraglichen Elementen des zahnärztlich-prothetischen Vertrages gerecht zu werden, dem Zahnarzt das Recht sowie die Pflicht zur Durchführung von Korrekturmaßnahmen an dem bereits eingegliederten Zahnersatz zur Herstellung der Paßgenauigkeit zu. Denn nach Auffassung der Rechtsprechung stellt eine anfänglich fehlende Paßgenauigkeit des eingegliederten Zahnersatzes kein schuldhaft vertragswidriges Verhalten dar, so daß die Vornahme von Korrekturen an Zähnen und Zahnersatz zur Herbeiführung der Tauglichkeit der prothetischen Versorgung gestattet werden muß.[50]

Die Vornahme solcher Korrekturen ist gleichzusetzen mit der Beseitigung von Mängeln. Ein derartiges Mangelbeseitigungsrecht ist jedoch grundsätzlich nur im Werkvertragsrecht vorgesehen. Somit stellt zwar die Rechtsprechung heraus, daß sie bei dem zahnärztlich-prothetischen Behandlungsvertrag einen Dienstvertrag höherer Art i.S.d. § 611 BGB annimmt; tatsächlich integriert sie jedoch Elemente aus dem Werkvertragsrecht. Ohne es ausdrücklich festzustellen, hat die Rechtsprechung meines Erachtens damit, angesichts der Besonderheiten der in einem auf zahnärztlich-prothetische Leistung gerichteten Vertrages geschuldeten Leistung, zu Recht einen Vertrag sui generis entwickelt und sich damit weitgehend an die Literatur angenähert. Hier wird das Vorliegen einer Mischform eines Vertrages, eines Vertrages sui generis oder auch das Vorliegen zweier Verträge befürwortet.[51] Damit steht der dienstvertragliche Charakter des Vertrages im Vordergrund, wird aber im Bereich der gegenseitigen Vertragspflichten bei prothetischer Versorgung um werkvertragliche Elemente ergänzt.

---

47 OLG Oldenburg NJW-RR 1996, 1267; OLG Köln MedR 1994, 198; MünchKomm-Soergel, § 631 BGB Rn. 66, 67; OLG Koblenz NJW-RR 1994, 52.

48 BGH MDR 1975, 310; OLG Düsseldorf VersR 1985, 456.

49 Uhlenbruck/Laufs in: Laufs/Uhlenbruck, aaO, § 39 Rn. 28.

50 OLG Düsseldorf MDR 1986, 934; siehe hierzu ausführlich Kapitel III.

51 Larenz, Lehrbuch des Schuldrechts, II.1., 310 f.; Günther, Zahnarzt – Recht und Risiko, Rn. 34; Fallschüssel, MedR 1985, 147 ff (147); Roesch, VersR 1979, 12 ff. (15).

dd) Ausnahme: Rein werkvertragliche Leistungen

Fraglich ist, ob die Auffassung, wonach der auf eine zahnärztlich-prothetische Behandlung gerichtete Vertrag einen Vertrag sui generis darstellt, auf sämtliche Leistungsbereiche im Rahmen einer zahnärztlich-prothetischen Behandlung übertragbar ist.

Wie dargelegt, begründet sich die Auffassung eines Vertrages sui generis daraus, dass die Paßgenauigkeit von Zahnersatz weniger von der technischen Herstellung des Zahnersatzes, als vielmehr vorrangig von der sorgfaltsgerechten Abdrucknahme, Anpassung sowie Eingliederung abhängig ist. Richtet sich eine Beanstandung des Patienten jedoch auf die rein technische Herstellung von Zahnersatz, so beispielsweise eine von der durch den Patienten getroffene Farbauswahl abweichende Farbgestaltung des Zahnersatzes[52] oder reine Materialfehler (z.B. beim Gießen des Metalls oder beim Brennen der Keramik entstandene Luftlöcher), so resultieren diese Mängel nicht aus einer Sorgfaltspflichtverletzung im Rahmen zahnärztlicher Behandlungsleistungen. Vielmehr greift bei derartigen, allein in der technischen Anfertigung liegenden Mängeln auch nach der Rechtsprechung das werkvertragliche Gewährleistungsrecht.[53]

Im Einzelfall mag zwar eine genaue Abgrenzung der vom Zahnarzt im Zusammenhang mit einer Zahnersatzversorgung erbrachten dienstvertraglichen gegenüber den werkvertraglichen Leistungen schwierig sein. Allerdings zeigt sich in der Praxis, daß der überwiegende Teil des Zahnersatzes in zahntechnischen Laboratorien (sog. Fremdlabor) hergestellt wird, während die Prothesenplanung, die Modellanfertigung, funktionsanalytische Leistung sowie sämtliche Arbeitsschritte von der Planung bis zur endgültigen Fertigstellung und Eingliederung einschließlich der damit im Zusammenhang stehenden Zahnbehandlungen durch den Zahnarzt geleistet werden. Schon durch diese Arbeitsteilung ist die Abgrenzung erleichtert. Aber auch bei Herstellung des Zahnersatzes im Eigenlabor läßt sich regelmäßig durch einen Sachverständigen nachvollziehen, ob etwaige festgestellte Mängel ihre Ursache in der Herstellung des Werkes, z.B. Farbe und Material, oder in der eigentlichen zahnärztlichen Tätigkeit haben, so beispielsweise bei Anfertigung des Abdruckes oder bei der Einpassung.

Fraglich ist häufig auf Seiten des Patienten, ob dieser bei angeblich vorliegenden Mängeln des Zahnersatzes, die allein aus dessen Herstellung resultieren, etwaige

---

52 OLG Hamm v. 9.2.1983 – 3 U 215/82.

53 BGH MDR 1975, 310; OLG Hamm v. 9.2.1983 - 3 U 215/82; Palandt/Putzo, Einf. vor § 631 Rn. 22.

Ansprüche gegen den Zahnarzt oder gegen das mit der Herstellung beauftragte Fremdlabor durchzusetzen hat.

Anders als in der Humanmedizin, bei der beispielsweise bei einer Blutuntersuchung zwischen dem Patienten eines Allgemeinarztes und dem Laborarzt ein direkter Vertrag geschlossen wird, obwohl kein persönlicher Kontakt zwischen Patient und Laborarzt stattfindet, schließt der Patient bei der prothetisch-zahnärztlichen Behandlung stets allein mit dem Zahnarzt einen Behandlungsvertrag. Dies resultiert daraus, daß, wie dargelegt, die eigentliche Herstellung des Zahnersatzes nur eine untergeordnete Bedeutung gegenüber der vor- und nachbereitenden Behandlungstätigkeit des Zahnarztes hat. Der Zahnarzt wiederum schließt daher mit dem in einem Fremdlabor tätigen Zahntechniker einen eigenen Werkvertrag, der darauf gerichtet ist, daß der Zahntechniker auf Grundlage der Angaben, die der Zahnarzt ihm erstellt hat, einen Zahnersatz fertigt. Insofern wird der Zahntechniker, unabhängig davon, ob er in einem Fremdlabor oder in der Praxis des Zahnarztes im sog. Eigenlabor beschäftigt ist, als Erfüllungsgehilfe gemäß § 278 BGB für den Zahnarzt tätig.

Eine direkte Haftung des Zahntechnikers käme allenfalls dann in Betracht, wenn ein Vertrag mit Schutzwirkung für Dritte angenommen werden könnte. Allerdings ist ein Dritter dann nicht schutzbedürftig, wenn er einen inhaltsgleichen Anspruch gegen den Gläubiger hat[54]. Ein derartiger inhaltsgleicher Anspruch, nämlich ein Haftungsanspruch auf materiellen und immateriellen Schadensersatz, steht dem Patienten jedoch bereits aus vertraglicher und deliktischer Haftung gegen den Zahnarzt zu. Somit können die strengen Anforderungen an einen Vertrag mit Schutzwirkung für Dritte können hier nicht eingreifen[55], so daß eine direkte Haftung des Zahntechnikers gegenüber dem Patienten nicht möglich ist. Insofern kann der Patient allein Ansprüche gegen den Zahnarzt erheben und ggfs. durchsetzen.

Der Zahnarzt kann demgegenüber aus dem zwischen ihm und dem Zahntechniker geschlossenen Werkvertrag Ansprüche geltend machen. Dabei ist zu beachten, daß die definitive Eingliederung des Zahnersatzes werkvertraglich eine Abnahme gemäß § 640 BGB bedeutet, so daß den Zahnarzt nach Eingliederung des Zahnersatzes die Beweislast hinsichtlich des Vorliegens eines Mangels trifft. Eine zunächst provisorische Eingliederung kann jedoch aufgrund der Vorläufigkeit der Eingliederung und der jederzeitigen Entfernung des Zahnersatzes keine Abnahme darstellen, so daß es, zeigen sich Mängel an dem

[54] BGH MDR 1995, 916.
[55] LG Münster NJW 1985, 683.

Zahnersatz nach provisorischer Eingliederung, dem Zahntechniker obliegt, die Mängelfreiheit zu beweisen.

Wird der Zahnersatz im sog. Eigenlabor des Zahnarztes hergestellt, so besteht hinsichtlich der technischen Anfertigung des Zahnersatzes ein direkter Werkvertrag mit den damit einhergehenden Gewährleistungsvorschriften zwischen dem Zahnarzt und dem Patienten; hinsichtlich der Eingliederung und weiterer Behandlungsmaßnahmen besteht zwischen den Parteien daneben ein Dienstvertrag.

Im Ergebnis ist daher festzuhalten, daß der Zahnarzt gegenüber dem Patienten nicht nur für die Behandlung als solche haftet, sondern darüber hinaus auch für den von ihm eingegliederten Zahnersatz, unabhängig davon, ob er selbst oder der von ihm beauftragte Zahntechniker diesen angefertigt hat.

Somit ist nach der Rechtsprechung auf den Vertrag zwischen Zahnarzt und Zahntechniker das Werkvertragsrecht und auf den Vertrag zwischen Zahnarzt und Patient zumindest grundsätzlich, soweit es nicht die rein technische Herstellung betrifft, das Dienstvertragsrecht unter Berücksichtigung der zugrunde liegenden Vertragsart sui generis anzuwenden.[56]

---

[56] OLG Koblenz NJW-RR 1995, 567.

III. Kündigung des Behandlungsvertrages und Nachbesserungsrecht des Zahnarztes

Fraglich ist, ob der Patient seine Ansprüche, die er gegen den Zahnarzt nach einem Behandlungsfehler durchzusetzen beabsichtigt, durch eigenes vertragswidriges Verhalten, insbesondere durch einen möglicherweise verfrühten Abbruch der Behandlung, verwirken kann. Wie voranstehend dargelegt, handelt es sich sowohl bei dem ärztlichen als auch bei dem zahnärztlichen Behandlungsvertrag grundsätzlich um einen Dienstvertrag höherer Art, der somit auf einem besonderen Vertrauensverhältnis zwischen den Vertragsparteien basiert. Grundsätzlich ist daher die jederzeitige Kündigung des Dienstvertrages durch die Vertragsparteien gemäß § 627 BGB möglich, und zwar auch dann, wenn kein wichtiger Grund nach § 626 BGB vorliegt. Denn eine Verpflichtung der Vertragsparteien zur Rücksichtnahme besteht grundsätzlich nicht.[57] Im Einzelfall und insbesondere für die jeweiligen Konsequenzen ist jedoch zwischen der Kündigung durch den Patienten einerseits und durch den Zahnarzt andererseits zu unterscheiden.

1. Kündigung durch den Patienten

Aufgrund des Selbstbestimmungsrechts des Patienten kann dieser grundsätzlich jederzeit, somit auch vor Abschluß der Behandlung, den Behandlungsvertrag ohne Angabe von Gründen mit dem Zahnarzt kündigen.[58]

Soweit der gesetzlich versicherte Patient nach § 76 Abs. 2 S. 1 SGB V[59] die Mehrkosten zu tragen hat, wenn er seinen behandelnden Arzt bzw. Zahnarzt innerhalb eines Quartals ohne „Vorliegen eines wichtigen Grundes“ wechselt, so betrifft dies nicht das Selbstbestimmungsrecht des Patienten, sondern allein die Kostentragungspflicht. Danach kann die gesetzliche Krankenkasse die Ausstellung eines zweiten Krankenscheines in dem betreffenden Quartal bzw. bei Vorlage der Krankenversichertenkarte nach § 291 SGB V die Zahlung der erneuten (zahn-)ärztlichen Leistung verweigern. Somit kann der gesetzlich versicherte Patient zwar grundsätzlich bestimmen, von wem er sich bis wann behandeln läßt, allerdings muß er die Kosten eines Behandlerwechsels, sofern dieser ohne wichtigen Grund erfolgt ist, selbst tragen. Die Teilleistungen desjenigen Zahnarztes, dem der gesetzlich versicherte Patient den Behandlungs-

---

57 Könning, VersR 1989, 223 (227).

58 OLG Düsseldorf MDR 1986, 934.

59 Bis zum Inkrafttreten des SGB V durfte der gesetzlich versicherte Patient nach § 368 d Abs. 3 RVO einen Arzt innerhalb eines Quartals nur aus triftigem Grund wechseln.

vertrag gekündigt hat, sind allerdings weiterhin durch den bisherigen Behandler gegenüber der Kassen(zahn)ärztlichen Vereinigung abrechenbar.[60]

Entsprechend betrifft auch die teilweise zwischen dem (Zahn)Arzt und dem Selbstzahler bzw. dem privat versicherten Patienten getroffene Vereinbarung einer Kündigungsfrist von regelmäßig 24 Stunden allein die Kostentragungspflicht des Patienten. Eine derartige Vereinbarung berührt nicht das Selbstbestimmungsrecht des Patienten.[61]

Eine andere Problematik betrifft die Frage, inwieweit der (Zahn)Arzt Schadensersatzansprüche bzw. einen Anspruch auf Teilvergütung gegen den Patienten durchsetzen kann, wenn dieser von seinem Kündigungsrecht Gebrauch gemacht hat. Fraglich ist dabei insbesondere, ob dem Patienten nach § 628 BGB die Folgen des Behandlungsabbruches dahingehend angelastet werden können, daß er mögliche Haftungsansprüche gegen den Zahnarzt verliert und gleichzeitig zur Zahlung des zahnärztlichen Honorars verpflichtet bleibt.

Problematisch wird diese Frage insbesondere bei einem zahnärztlich-prothetischen Behandlungsvertrag, wenn der Zahnersatz bereits eingegliedert worden ist. Denn nur in seltenen Fällen paßt ein eingegliederter Zahnersatz auf Anhieb, regelmäßig sind Einschleifmaßnahmen oder Unterfütterungen zur endgültigen Paßgenauigkeit und Tauglichkeit erforderlich. Dem Dienstvertragsrecht ist jedoch grundsätzlich das aus dem Bereich des Werkvertragsrechts stammende Nachbesserungsrecht fremd. Es stellt sich daher die Frage, ob bereits dann die Verletzung einer zahnärztlichen Sorgfaltspflicht, die ein vertragswidriges Verhalten als Auflösungsverschulden im Sinne des § 628 Abs. 1 Satz 2 BGB darstellt, vorliegt, wenn zu der Herstellung der Tauglichkeit des eingegliederten Zahnersatzes noch Korrekturmaßnahmen erforderlich sind. Dabei ist zunächst danach zu unterscheiden, ob der Zahnersatz bereits definitiv oder bisher lediglich provisorisch eingegliedert worden ist. In letzterem Fall dient die provisorische Eingliederung nur der Vorbereitung der definitiven Versorgung, so daß die Behandlung nach nur provisorischer Eingliederung noch nicht beendet ist. Bricht der Patient beispielsweise die Behandlung vor der endgültigen Eingliederung eines ordnungsgemäß hergestellten, kombiniert festsitzend-herausnehmbaren Zahnersatzes für Ober- und Unterkiefer ab, so bleibt der Honoraranspruch des Zahnarztes gemäß § 628 BGB bestehen, wenn der Zahnarzt zu dem Behandlungsabbruch keine Veranlassung gegeben hat.[62] Auch etwaige

[60] BSG SozR 2200 § 182c Nr. 5; SozR 5545 § 26 Nr. 1; Laufs, Arztrecht, Rn. 123; Natter, Der Arztvertrag mit dem sozialversicherten Patienten, S. 170.

[61] Wertenbruch, MedR 1994, 394.

[62] OLG Hamm v. 16.2.1981 - 3 U 135/80.

weitere aus dem Behandlungsabbruch resultierenden Nachteile muß sich der Patient allein zurechnen lassen muß.

Für den Fall, daß der Zahnersatz bereits definitiv eingegliedert worden ist, hat die Rechtsprechung inzwischen anerkannt, daß dem Zahnarzt ein Recht zur Durchführung von Korrekturmaßnahmen zusteht. Danach stellt eine anfänglich fehlende Paßgenauigkeit des eingegliederten Zahnersatzes kein schuldhaft vertragswidriges Verhalten dar, so daß die Vornahme von Korrekturen an Zähnen und Zahnersatz zur Herbeiführung der Tauglichkeit der prothetischen Versorgung gestattet werden muß.[63]

Die Vornahme solcher Korrekturen ist gleichzusetzen mit der Beseitigung von Mängeln. Ein derartiges Mangelbeseitigungsrecht ist jedoch grundsätzlich nur im Werkvertragsrecht vorgesehen. Dort kann der Besteller bei einem mangelhaften Werk gemäß § 635 BGB Nacherfüllung verlangen, die von dem Unternehmer entweder in Form einer Neuherstellung oder in einer Nachbesserung, d.h. der Beseitigung vorhandener Mängel, erbracht werden kann. Wie jedoch bereits dargelegt, handelt es sich nach Auffassung der Rechtsprechung bei dem, auch auf prothetische Leistungen gerichteten, zahnärztlichen Behandlungsvertrag um einen Dienstvertrag. Im Dienstvertragsrecht, d.h. den §§ 611 ff. BGB, ist jedoch eine nachträgliche Erfüllung der geschuldeten Vertragsleistung, nämlich die sorgfaltsgerechte Erfüllung der vereinbarten Dienstleistung, nicht vorgesehen. Nichtsdestoweniger gewährt jedoch die Rechtsprechung dem Zahnarzt das Recht auf Durchführung von Korrekturmaßnahmen nach Eingliederung von Zahnersatz. Diese dogmatische Vermischung zwischen der Rechtslage des Dienstvertragsrechts einerseits und der Rechtsfolge aus dem Werkvertragsrecht andererseits wird von der Rechtsprechung damit begründet, daß „zu berücksichtigen (sei), daß die Versorgung mit Zahnersatz ein komplizierter Behandlungsvorgang ist, der sich aus einer Vielzahl von zahnärztlichen Einzelmaßnahmen zusammensetzt. Dabei hängt das Ergebnis der zahnärztlichen Bemühungen nicht unwesentlich auch von Faktoren ab, die der Zahnarzt selbst nur beschränkt beeinflussen und steuern kann, beispielsweise von der psychischen und physischen Konstitution des Patienten und insbesondere von dessen Schmerzverträglichkeit“[64]. Insbesondere dann, wenn bei weit reichenden prothetischen Arbeiten aus schwieriger Ausgangssituation bei dem Patienten Beschwerden auftreten, die gezielte Veränderungen erfordern, soll dem Zahnarzt die Gelegenheit zur Vornahme von Korrekturen gegeben werden, bevor der Patient die Behandlung abbrechen darf.[65]

---

[63] OLG Düsseldorf MDR 1986, 934.
[64] OLG Düsseldorf MDR 1986, 934.
[65] OLG Düsseldorf AHRS 2695/103.

Richtigerweise sollten diese Korrekturmaßnahmen daher nicht als „Nachbesserungen“ bezeichnet werden, weil hierbei die Assoziation zum Werkvertragsrecht getroffen wird. Vielmehr ist der Begriff „Nacharbeiten“ in diesem Zusammenhang passender und daher zu bevorzugen. Unabhängig von der Bezeichnung der Korrekturmaßnahmen, die dem Zahnarzt auch nach der Rechtsprechung zugebilligt werden, ist daher festzustellen, daß die Rechtsprechung, ohne es ausdrücklich zu benennen, nicht von einem Dienstvertrag im eigentlichen Sinne, sondern von einem Vertrag sui generis ausgeht, der dienst- und werkvertragliche Elemente gleichermaßen berücksichtigt.

Die Rechtsprechung berechtigt den Zahnarzt jedoch nicht uneingeschränkt zur Durchführung von „Nacharbeiten“. Übersteigen die erforderlichen Korrekturmaßnahmen das Maß des Üblichen, ist der Patient berechtigt, den Behandlungsvertrag zu kündigen, ohne daß ihm dadurch etwaige Nachteile entstehen.[66] Streitig ist, wann diese Grenze erreicht ist: nach neuerer Rechtsprechung wird einerseits die Auffassung vertreten, das Recht des Zahnarztes auf Korrekturmaßnahmen umfasse auch eine vollständige unentgelt-liche Erneuerung des Zahnersatzes[67]; jedenfalls aber gehöre es bei der zahnprothetischen Behandlung zu den Pflichten des Patienten, nach Eingliederung der Prothetik okklusale Nacharbeiten zu dulden[68]. Andererseits wird die Auffassung vertreten, das Verhalten des Zahnarztes würde bereits dann den Patienten zur Kündigung berechtigen, wenn das Arbeitsergebnis unbrauchbar und eine Nachbearbeitung nicht möglich oder dem Patienten nicht zumutbar sei.[69] Auch dürfe der Patient die Behandlung abbrechen, wenn Versuche von Nacharbeiten mehrmals fehlgeschlagen und an der Prothese neue Schäden aufgetreten sind.[70]

Bei der Entscheidung der Frage, welche der vorgenannten Ansichten zu folgen ist, sind die besonderen Schwierigkeiten, die bei der Versorgung mit Zahnersatz bestehen, zu berücksichtigen. So ist zum einen die Kombination zwischen der reinen Behandlungstätigkeit und der Herstellung eines Werkes zu berücksichtigen. Zum anderen ist zu berücksichtigen, daß Unwägbarkeiten in der physischen und psychischen Konstitution des Patienten bestehen, die ein Zahnarzt auch bei sorgfaltsgerechter Herstellung und Eingliederung von Zahnersatz nicht vorhersehen oder beeinflussen kann.

Hat beispielsweise der Patient keine Kenntnis um seine Allergie oder Unverträglichkeit auf gewisse, bei der Herstellung von Zahnersatz übliche Materialien und

---

66 OLG Köln AHRS 2695/2.

67 LSG Bayern v. 24.2.1999 - L 12 KA 522/97; SG Kiel v. 26.1.2001 – S 13 KA 597/99.

68 OLG Oldenburg MDR 1997, 841; LG Hannover v. 4.10.2001 – 19 O 5798/00.

69 OLG Düsseldorf AHRS 2695/118; BSG ArztR 1992, 11.

70 OLG München VersR 1994, 862.

verwendet der Zahnarzt diese Materialien, so kann es nicht dem Zahnarzt zugerechnet werden, wenn der Zahnersatz nach Eingliederung Beschwerden beim Patienten verursacht. Die Abgrenzung, wonach bei mehrmals fehlgeschlagenen Nachbearbeitungsversuchen der Patient zum Abbruch der Behandlung berechtigt sein soll, berücksichtigt nicht, daß ein besonders sorgsamer Zahnarzt den Zahnersatz bei Okklusionsproblemen jeweils nur äußerst geringfügig beschleift und dadurch mehrere Einschleiftermine benötigt. Dagegen benötigt der Zahnarzt, der, sei es aus Ungeduld oder aus Angst, zu viele Nachbearbeitungsversuche durchzuführen, weniger Termine, da er jeweils tiefer einschleift. Somit beseitigt er zwar schneller Frühkontakte, riskiert jedoch gleichzeitig ein zu tiefes Abschleifen, was gegebenenfalls die Notwendigkeit einer Neuanfertigung und somit weiterer Behandlungstermine zur Folge hat. In diesem Fall hat zwar der „vorsichtige" Zahnarzt möglicherweise mehrere Nachbearbeitungsversuche unternommen, hat jedoch im Ergebnis sorgfaltsgerechter als der „mutige" Zahnarzt behandelt.

Auch bei dem Abgrenzungskriterium des Auftretens neuer Schäden muß differenziert werden: handelt es sich lediglich um ein punktuelles Durchschleifen der Keramik in einem nicht sichtbaren Bereich des Zahnersatzes, so rechtfertigt dies angesichts der Geringfügigkeit sowie der leichten Behebbarkeit durch das Auftragen neuer Keramik sicherlich keinen Behandlungsabbruch des Patienten.

Somit ist im Ergebnis, sofern die Nacharbeiten sinnvoll und verhältnismäßig sind und ihre Ursache nicht in der Sphäre des Zahnarztes und seiner Behandlungstätigkeit liegen, der neueren Rechtsprechung zu folgen, die auch eine Neuanfertigung des Zahnersatzes vom Recht des Zahnarztes auf Nacharbeiten im Rahmen prothetischer Behandlungen umfaßt sieht.

2. Kündigung durch den Zahnarzt

Auch der Zahnarzt kann grundsätzlich bei Wegfall des erforderlichen Vertrauens zu dem Patienten den Behandlungsvertrag als Dienstvertrag höherer Art jederzeit und fristlos ohne Angabe von Gründen gemäß § 627 BGB i.V.m. § 1 Abs. 4 der Musterberufsordnung für Zahnärzte - MBO-ZÄ[71] - (bzw. den entsprechenden Bestimmungen der jeweils geltenden Berufsordnung der Zahnärztekammern) kündigen. Allerdings gilt für den Behandlungsabbruch durch den Zahnarzt die Einschränkung des § 627 Abs. 2 BGB i.V.m. § 323 c StGB, wonach sichergestellt sein muß, daß sich der Patient, wenn der Zahnarzt wegen Vorliegens eines wichtigen Grundes zur sog. Unzeit kündigt, ohne nennenswerte

[71] In der Fassung vom 29.6.2002.

Zeitverzögerung anderweitig der notwendigen Fortsetzung der ärztlichen Behandlung unterziehen kann.[72] Zur Unzeit kann somit zwar gemäß § 627 Abs. 2 S. 1 BGB eine Kündigung des Behandlungsvertrages durch den Behandler grundsätzlich zulässig sein. Es muß jedoch durch den kündigenden Behandler sichergestellt sein, daß sich der Patient der dringenden ärztlichen Hilfe anderweitig unterziehen kann, um so aus einer Notsituation, z.B. bei Vorliegen von Schmerzen, zu gelangen. Kündigt der Behandler ohne Vorliegen eines wichtigen Grundes zur Unzeit, so beseitigt dies nicht die Wirksamkeit der Kündigung; allerdings macht sich der Behandler gegebenenfalls gegenüber dem Patienten schadensersatzpflichtig.[73]

Außerhalb einer derartigen Notsituation des Patienten ist zu unterscheiden, ob es sich um die Behandlung eines Selbstzahlers, d.h. eines privat versicherten Patienten, oder eines gesetzlich versicherten Patienten handelt: Bei einem mit einem privat versicherten Patienten abgeschlossenen Behandlungsvertrag kann der Zahnarzt den Behandlungsvertrag als Dienstvertrag höherer Art kündigen, wenn seiner Auffassung nach das erforderliche, die Basis eines Dienstvertrages höherer Art bildende Vertrauensverhältnis nicht mehr besteht. Ein derartiger Kündigungsgrund liegt beispielsweise dann vor, wenn durch das Verhalten des Patienten das zwischen Behandler und Patient erforderliche Vertrauensverhältnis zerstört worden ist, so beispielsweise bei fortgesetzter Verleumdung, Bedrohung oder Beleidigung des Arztes durch den Patienten[74]. Ferner liegt ein sachlicher Grund für die Kündigung des Behandlungsvertrages durch den Behandler vor, wenn der Patient schuldhaft ärztliche Anweisungen nicht befolgt, so beispielsweise, wenn er seine Mundhygiene wiederholt vernachlässigt hat und dadurch den Behandlungsmißerfolg einer prothetischen Versorgung riskiert. Auch dauernde Störungen durch Telefonanrufe oder eingebildete Krankheiten sollen den Arzt berechtigen dürfen, den Behandlungsvertrag aus wichtigem Grund fristlos zu kündigen.[75] Im Bereich der Zahnheilkunde kann dies die Situation sein, in der ein Patient nach prothetischer Versorgung fortlaufend Beschwerden angibt, die auf eine psychisch bedingte Prothesenunverträglichkeit oder eine psychische Fokussierung anderweitiger Probleme des Patienten hindeuten, da sich trotz mehrfacher Kontrollen und Allergietests keine objektivierbaren Befunde zeigen. Allerdings ist hier der Zahnarzt gehalten, die Kontrolldiagnosen möglichst umfangreich zu gestalten, statt dem Patienten lapidar die Lektüre des Buches „Der psychisch Kranke in der zahnärztlichen Praxis" zu empfehlen.[76]

---

[72] Kern, Arzt-, Behandlungsvertrag (335), in: Rieger, Lexikon des Arztrechts, Rn. 68.
[73] BGH NJW 1987, 2808.
[74] Deutsch, Medizinrecht Rn. 78.
[75] Uhlenbruck/Laufs in: Laufs/Uhlenbruck, Handbuch des Arztrechts, § 46 Rn. 10.
[76] LG Wiesbaden v. 21.5.1981 – 26 O 166/80.

Problematisch ist die Abgrenzung zwischen fehlender Compliance des Patienten einerseits und der aus dem Selbstbestimmungsrecht des Patienten resultierenden Ablehnung einer bestimmten, vom Behandler vorgeschlagenen Diagnose- oder Behandlungsmöglichkeit andererseits. Demgegenüber steht der nach der höchstrichterlichen Spruchpraxis anerkannte Grundsatz der Behandlungsfreiheit des Arztes. Danach ist der Arzt im Rahmen der zivilrechtlichen Vertragsfreiheit zunächst berechtigt, grundsätzlich frei über die Übernahme eines Behandlungsfalles zu entscheiden. Darüber hinaus besteht nach der höchstrichterlichen Spruchpraxis sowie der Rechtslehre der Grundsatz der ärztlichen Therapiefreiheit, wonach der Behandlungsvertrag den Arzt berechtigt, die Methode bzw. Therapie der von ihm übernommenen Behandlung frei, selbstverständlich unter Berücksichtigung von Sorgfaltspflichten zur Gewährleistung der Verfahrensqualität, zu bestimmen.[77] Diese Freiheit wird jedoch begrenzt durch den Willen des Patienten: verweigert der Patient eine empfohlene Therapie- oder Diagnosemaßnahme, so ist hierin aufgrund des Selbstbestimmungsrechts des Patienten ebensowenig die Verletzung einer vertraglichen Mitwirkungspflicht durch den Patienten zu sehen, wie der Behandler vertraglich nicht zur vollständigen Genesung des Patienten verpflichtet werden kann. Erscheint allerdings die Weigerung des Patienten, sich einer konkret empfohlenen Behandlungs- oder Diagnosemaßnahme zu unterziehen, medizinisch unvertretbar, so ist der Arzt berechtigt, den Behandlungsvertrag gemäß § 627 Abs. 1 BGB zu kündigen. Denn der Arzt darf in diesen Fällen keine „Vernunfthoheit“[78] über den Patienten ausüben und die geplante Behandlung gegen dessen Willen vornehmen. Das gilt auch dann, wenn die geplante Behandlung die einzige Behandlung ist, mit der der Patient vor einer bestehenden oder drohenden Gefahr für seinen Körper oder sogar sein Leben gerettet werden kann. Fühlt sich der Arzt veranlaßt, den Behandlungsvertrag zu kündigen, so bietet es sich jedoch an, dem Patienten, statt diesem fristlos zu kündigen, eine angemessene Frist zu setzen, sich einer anderweitigen Behandlung zu unterziehen.

Mangelnde Compliance in der zahnärztlichen Praxis findet sich vor allem in der kieferorthopädischen Behandlungstätigkeit, wo die Patienten-Compliance die Pflege der Behandlungsgeräte sowie die fortlaufende Kontrolle der Geräte durch den Kieferorthopäden, so insbesondere das Weiterdrehen der Schrauben an aktiven Platten oder die Bänder- bzw. Bogenkontrolle anhand einer Schablone, betrifft.[79] Ebenso stellt es einen Mangel an der erforderlichen Compliance des

---

[77] Laufs, NJW 1999, 1758 (1765); NJW 2000, 1757 (1758); Katzenmeier, Arzthaftung, 2002, § 5 IV mwN.

[78] Tröndle, MDR 1983, 881 (884); hiervon ausgenommen sind selbstverständlich die Fälle, in den der Arzt aufgrund gesetzlicher Bestimmungen zur Behandlung bzw. zur Vornahme körperlicher Eingriffe gezwungen ist.

[79] Oexmann/Georg, Die zivilrechtliche Haftung des Zahnarztes, Rn. 408.

Patienten dar, wenn dieser den Zahnarzt nach einem entsprechenden Aufklärungsgespräch nicht auf ein ihm bekanntes erhöhtes Behandlungsrisiko hinweist, so beispielsweise die Angabe der Einnahme von blutgerinnungshemmenden Arzneimitteln wie Marcumar oder Falithrom, das Vorliegen der Bluterkrankheit oder von Allergien. Dagegen ist eine spontane körperliche Reaktion des Patienten aufgrund und während der Behandlung, wie ein plötzliches Wegdrehen des Kopfes bei einer Injektion, Würgereflexe, Schluck- oder Zungenbewegungen, Verschlucken oder Einatmen zahnärztlichen Materials, kein Ausdruck mangelnder Compliance.[80]

Einschränkungen unterliegt der Vertragszahnarzt hinsichtlich der Behandlung von gesetzlich versicherten Patienten, da er gem. § 95 Abs. 3 SGB V i.V.m. §§ 4 Abs. 7, 16 Abs. 4 BMV-ZÄ[81] das Recht und auf Grund seiner Zulassung auch die öffentlich-rechtliche Pflicht hat, an der vertragszahnärztlichen Versorgung teilzunehmen, so daß er grundsätzlich alle gesetzlich Versicherten im Rahmen der gesetzlichen und vertraglichen Vorschriften zu behandeln hat. Eine Kündigung ist jedoch dann möglich, wenn ein sachlicher Grund vorliegt und dadurch die weitere Behandlung für den Zahnarzt unzumutbar ist. Befolgt ein Patient wiederholt die ärztlichen Anordnungen nicht oder verhält er sich querulatorisch oder sonst unqualifiziert, z.B. durch üble Nachrede, so liegt ein sachlicher Grund vor, der die weitere Behandlung des Patienten für den Behandler regelmäßig unzumutbar werden läßt.[82] Weitere Gründe für die Ablehnung der Behandlung eines gesetzlich versicherten Patienten liegen vor, wenn der Patient ärztlich nicht indizierte und damit unwirtschaftliche Behandlungsmaßnahmen oder Wunschrezepte verlangt oder der Zahnarzt nachweisbar, d.h. bei übermäßiger Fallzahl, zeitlich überlastet ist.[83]

Auch bei Kündigung des Behandlungsvertrages durch den Arzt oder Zahnarzt behält dieser seinen Anspruch auf Zahlung des Teilhonorars für die bereits erbrachten Leistungen. Dieser Anspruch entfällt nur dann, wenn der Behandler ohne Vorliegen eines wichtigen Grundes den Vertrag gekündigt hat und die erbrachten Teilleistungen für den Patienten nicht von Interesse sind.[84]

---

80 Günther, Zahnarzt – Recht und Risiko, Rn. 506.

81 In der Fassung vom 17.11.1992, veröffentlicht in ZM 1992, 156 mit nachfolgenden Änderungen, derzeitiger Stand 1.7.1999.

82 Landesberufsgericht Baden-Württemberg MedR 1993, 481.

83 BSG ArztR 1988, 14.

84 Laufs, Arztrecht, Rn. 123; Kern, Arzt-, Behandlungsvertrag (355), in Rieger: Lexikon des Arztrechts, Rn. 63.

IV. Behandlungsfehler

Den Anspruchsgrundlagen der vertraglichen und deliktischen Haftung ist die Voraussetzung des Vorliegens eines Behandlungsfehlers gemeinsam. Insofern stimmen vertragliche und deliktische Verhaltenspflichten im Sinne einer Strukturgleichheit überein.[85] Fraglich ist, wie ein Behandlungsfehler zu definieren ist.

1. Definition

Der Arzt hat die spezifischen Berufspflichten, zu denen insbesondere die sorgfältige Behandlung des Patienten unter Einhaltung des ärztlichen Standards zählt, einzuhalten. Ein Behandlungsfehler liegt somit vor, wenn der behandelnde Arzt die objektiv erforderliche Sorgfalt, die bei der von ihm durchgeführten Behandlung erwartet werden kann und darf, verletzt hat und dadurch den ärztlichen Standard schuldhaft unterschritten hat.[86] Der Zahnarzt schuldet daher die zur Zeit der Behandlung berufsfachlich gebotene Sorgfalt.

Entscheidend ist somit allein, ob der Zahnarzt die gebotene Sorgfalt gemäß § 276 BGB bei der Behandlung eingehalten hat. Fraglich ist jedoch, wonach sich die Sorgfaltspflicht bemißt. Ein Definitionsversuch lautet wie folgt:

> „Der Sache nach haben wir damit auch im deutschen Recht eine Generalklausel, daß jeder die *vernünftigerweise zu erwartende Sorgfalt* anzuwenden hat, um Schädigungen anderer zu vermeiden."[87]

Ein Appell an die allgemeine Vernunft kann im Einzelfall, schon wegen der speziellen Materie der ärztlichen, insbesondere zahnärztlichen, Behandlung nicht unbedingt hilfreich bei der Bewertung, ob eine Behandlung sorgfaltsgerecht war oder nicht, sein.

Das Vorliegen eines Behandlungsfehlers hängt vielmehr von zwei Aspekten ab: Der Zahnarzt muß einen objektiven Fehler bei der Behandlung begangen haben und diesen subjektiv verschuldet haben. Unerheblich ist dabei für eine anspruchsauslösende Haftung, ob der Zahnarzt eine sachwidrige Handlung vorgenommen oder eine sachlich gebotene Heilmaßnahme unterlassen hat.

Der objektive Fehler richtet sich weniger nach juristischen, sondern vielmehr nach medizinischen Maßstäben. Denn die professionellen Anforderungen, die

---

[85] Gehrlein in: Budewig/Gehrlein, Das Haftpflichtrecht nach der Reform, Kap. B Rn. 28.
[86] Gehrlein in: Budewig/Gehrlein, Das Haftpflichtrecht nach der Reform, Kap. B Rn. 29.
[87] v. Caemmerer, FS DJT 1964, II, 80 ff (80).

im Einzelfall an einen Zahnarzt im Rahmen einer konkreten Behandlung gestellt werden, sind weder in Gesetzen noch, zumindest nach überwiegender Auffassung[88], in Leitlinien oder Richtlinien bindend, d.h. im Sinne einer Rechtsquelle, festgelegt worden. Daher basiert die zivilrechtliche Haftung auf der Spruchpraxis der Gerichte. Diese wiederum orientieren sich daran, wie sich ein gewissenhafter Zahnarzt in der konkreten Lage verhalten hätte. Maßstab für das zu fordernde ärztliche Verhalten sind die in dem Fach des Zahnarztes entwickelten Regeln. Die Rechtsprechung bemißt somit die nach § 276 BGB geschuldete Sorgfalt maßgeblich nach den von der medizinischen Wissenschaft und Praxis selbst hervorgebrachten Vorgaben.[89]

Ein Behandlungsfehler ist somit die Nichteinhaltung des sog. „zahnmedizinischen Standards". Der durch die Rechtsprechung geprägte Begriff „Standard" hat den früher häufig verwendeten Begriff „Stand der Wissenschaft und Technik" ersetzt, da letzterer etwas Definitives, Abgeschlossenes bezeichnet, während der „Standard" einer Dynamik, nämlich einem sich fortlaufend Sichanpassen an neue Entwicklungen und Erkenntnisse in der zahnmedizinischen Wissenschaft unterliegt.[90] Aufgrund dieser Dynamik gibt es keine feststehenden Regeln der ärztlichen Wissenschaft; allerdings geben im Bereich der zahnärztlichen Behandlung die Empfehlungen und Leitlinien der Deutschen Gesellschaft für Zahn-, Mund- und Kieferheilkunde (DGZMK) bzw. anderer Berufsverbände innerhalb der Zahnärzteschaft, z.B. Berufsverband Deutscher Oralchirurgen (BDO), Deutsche Gesellschaft für Parodontologie (DGP), Bundesverband implantologisch tätiger niedergelassener Zahnärzte (BDIZ), Hinweise[91] auf den zum Zeitpunkt der Behandlung maßgeblichen Standard. Je weiter allerdings die medizinischen Erkenntnisse und Erfahrungen fortschreiten, desto höher ist der ärztliche Standard.[92]

---

88 Ohne die für diese Abhandlung irrelevante Diskussion zur etwaigen Bindungswirkung von Leitlinien zu vertiefen, kann allgemein festgestellt werden, dass grundsätzlich kein Behandlungsfehler vorliegt, wenn das ärztliche Handeln der entsprechenden, zum Zeitpunkt der Behandlung geltenden medizinischen Leitlinie entspricht. Anderenfalls, ist der Arzt also von der Leitlinie abgewichen, so kann, muß aber nicht ein Behandlungsfehler vorliegen; siehe hierzu: Hart, VSSR 2002, 265 (293); Dressler, FS für Geiss, 379 ff.; Laufs in: Laufs/Uhlenbruck, a.a.O., § 5 Rn. 11 und Fn. 21 m.w.N.; Velten, Der medizinische Standard im Arzthaftungsprozeß, 2001; Bender, MedR 2002, 487 (488).

89 BGH NJW 1995, 776; ausführlich: Velten, Der medizinische Standard im Arzthaftungsprozeß, 2001.

90 Laufs in: Laufs/Uhlenbruck, a.a.O., § 99 Rn.3.

91 Zur Bindungswirkung derartiger Leitlinien: s. oben Fn. 88.

92 Groß, Ärztlicher Standard – Sorgfaltspflichten, Befundsicherung, Dokumentation und Beweissicherung, 1.

Der zahnmedizinische Standard unterliegt daher der ständigen Entwicklung und resultiert dabei aus sich stets weiterentwickelnden medizinisch-wissenschaftlichen sowie empirischen Untersuchungen und Erfahrungen. Als variable Größe, bestehend aus den drei Elementen wissenschaftliche Erkenntnis, ärztliche Erfahrung und professionelle Akzeptanz[93], paßt er sich den konkreten Gegebenheiten und Notwendigkeiten an.[94] Insofern ist auch der Begriff „Kunstfehler" veraltet und laienhaft, da „Kunst" nach allgemeinen Verständnis der Ausdruck einer freien und kreativen Entfaltung ist – so weit dürfen die an eine zahnärztliche und ärztliche Behandlung zu setzenden Maßstäbe eben nicht gezogen werden.

Die Anwendung einer herkömmlichen, bewährten Methode trotz Verfügbarkeit einer moderneren Methode stellt nicht zwingend einen Behandlungsfehler dar.[95] Denn um den Stand der medizinischen Erkenntnisse zu gewährleisten, muß nicht jeweils das neueste Therapiekonzept angewandt werden.[96] Der Patient hat keinen Anspruch auf eine optimale, allerdings auf eine den medizinischen Qualitätsanforderungen der Gegenwart entsprechende Behandlung.[97] Das Bild des Arztes als Hochspringer, von dem nicht erwartet wird, daß er exakt 2 Meter überwindet, vielmehr reiche das generelle Überwinden einer Höhe von 1,80 Meter aus, ist hier sicherlich passend.[98] Erst dann, wenn es neue Methoden gibt, die risikoärmer oder für den Patienten weniger belastend sind und/oder bessere Heilungschancen versprechen und darüber hinaus in der Praxis verbreitete Anwendung finden, entspricht eine herkömmliche Behandlungsmethode nicht mehr dem zu fordernden Qualitätsstandard.[99] Der Standard der medizinischen Wissenschaft und Technik bedeutet somit nicht, daß stets die neueste und hochwertigste Methode für Diagnose und Therapie vom Arzt im Rahmen der übernommenen Behandlung geschuldet ist.

Ein objektiver Behandlungsfehler liegt somit grundsätzlich dann vor, wenn einer ärztlichen Maßnahme die nach dem Standard der medizinischen Wissenschaft und Erfahrung gebotene Sorgfalt fehlt und die Maßnahme somit unsachgemäß erscheint.[100]

---

93 Hart, MedR 1998, 8 ff. (10).

94 Deutsch, VersR 1998, 261 ff. (263).

95 BGH VersR 1988, 179.

96 Ulsenheimer, Dokumentation des Symposiums der ECCLESIA Gruppe am 12./13.2.1998, 50 ff. (56).

97 Hart, MedR 1996, 60 ff. (69); Laufs, ZaeF 1995, 554 (555).

98 Kern, GesR 2002, 5 ff. (6).

99 Steffen/Dressler, a.a.O., Rn. 147; BGH VersR 1984, 470; OLG Oldenburg VersR 1989, 402.

100 Laufs in: Laufs/Uhlenbruck, a.a.O. § 99 Rz. 5; ausführlich zur Definition des Behandlungsfehlers: u.a. Laufs: in Laufs/Uhlenbruck, a.a.O. § 99; Steffen/Dressler, Arzthaftungs-

Hat ein Zahnarzt den „medizinischen Standard" nicht eingehalten, so ist erst dann von einem Behandlungsfehler auszugehen, wenn ein erkennbares subjektives Verschulden, d.h. Fahrlässigkeit oder gar Vorsatz, für die Nichteinhaltung dieses Standards vorliegt. Zweck der zivilrechtlichen Arzthaftung ist daher nicht die Ahndung einer persönlichen Schuld, sondern die Übernahme der Verantwortung für ein Abweichen von der im Rahmen eines ärztlichen Behandlungsvertrages geschuldeten Qualität.[101]

Im Gegensatz zum Strafrecht gilt im Zivilrecht kein individueller, sondern ein objektiver Sorgfaltsmaßstab (§ 276 Abs. 2 BGB).[102] Allerdings muß der Begriff des objektiven Sorgfaltsmaßstabes differenziert unter dem Gesichtspunkt des sog. „Prinzips der Gruppenfahrlässigkeit" und der Verkehrserwartung betrachtet werden.[103]: Danach wird beispielsweise von dem Leiter einer Universitätsklinik mehr fachliche Kompetenz erwartet als von einem in Einzelpraxis niedergelassenen Zahnarzt. Somit wird an die Tätigkeit des niedergelassenen Arztes kein Universitätsstandard angelegt; vielmehr schuldet der Arzt die zur Zeit der Behandlung berufsfachlich gebotene Sorgfalt eines niedergelassenen Zahnarztes, so daß er nicht mehr zu leisten braucht, „als von einem Kollegen in gleicher Lage erwartet wird"[104]. Entsprechend schuldet ein Facharzt in seinem konkreten Weiterbildungsgebiet ein höheres Maß an Sorgfalt und Können als ein in diesem Bereich nicht weitergebildeter Arzt bzw. ein Arzt für Allgemeinmedizin.[105] Die sog. „verkehrserforderliche Sorgfalt" ist jedoch auch innerhalb der Fachgruppe kein starrer Begriff, vielmehr ist das erforderliche Maß der Sorgfalt abhängig von der jeweiligen Situation und steigt mit dem Maß der Gefährlichkeit der durchzuführenden Behandlung. So gilt beispielsweise für die Vorbereitung einer langfristig geplanten ärztlichen Behandlungsmaßnahme, die in Ruhe vorbereitet werden kann, ein höherer Maßstab als bei dringlichen Behandlungsmaßnahmen oder gar Notfallsituationen.[106] So richtet sich das Maß der objektiven und erforderlichen ärztlichen Sorgfalt auch nach der Gefährlichkeit der Situation, denn mit dem Grad der Gefährlichkeit des Eingriffs steigt auch das Maß der erforderlichen Sorgfalt.[107]

---

recht, Rz. 133 ff., Geiß/Greiner, Arzthaftpflichtrecht, Kap. B.I.1 ff., Frahm/ Nixdorf, Arzthaftungsrecht, Rz. 64 ff.

[101] Steffen/Dressler, a.a.O., Rn. 133.

[102] BGH NJW 1991, 1535.

[103] BGH NJW 1991, 1535; Jansen, Behandlungsfehler (750), in: Rieger, Lexikon des Arztrechts, Rn. 2; BGH NJW 1988, 1511; BGH NJW 1989, 2321; Uhlenbruck, MedR 1995, 427 (436).

[104] Deutsch, Medizinrecht, Rn. 181.

[105] BGH NJW 1991, 1535; BGH NJW 1997, 3090.

[106] BGH NJW 1998, 814; OLG Zweibrücken VersR 2000, 605; OLG Köln VersR 2000, 1150.

[107] BGH NJW 1974, 1422.

Fehlerhaft handelt daher der Zahnarzt, der „das in den Kreisen gewissenhafter und aufmerksamer Ärzte oder Fachärzte vorausgesetzte Verhalten unterläßt“[108]. Der ärztliche Soll-Standard und der entsprechende Sorgfaltsmaßstab sind daher objektiv typisierend und orientieren sich nicht an subjektiv individualisierenden Kriterien. Damit ist gewährleistet, daß ein Patient beispielsweise bei einem jungen, gerade die Universität absolvierenden Zahnarzt den gleichen Erwartungshorizont an die Qualität einer ärztlichen Behandlung setzen darf, wie bei einem älteren, erfahrenen Zahnarzt; das gleiche gilt beispielsweise für den in einer Großstadt und den auf dem Lande niedergelassenen Zahnarzt. Zum weiteren Schutz des Patienten hat jedoch ein an der Behandlung beteiligter Arzt, der über ein besonderes Fachwissen oder über individuelle Spezialkenntnisse aus der konkreten Behandlung verfügt, das sich dadurch erhöhende Maß an Sorgfalt einzusetzen. Er kann sich nicht darauf berufen, daß andere Ärzte seines Fachkreises dieses Spezialwissen grundsätzlich nicht hätten und auch nicht haben müßten, so daß sowohl an deren als auch an seine Behandlung ein niedrigerer Sorgfaltsmaßstab gesetzt werden müsse.[109]

Ein erkennbares Verschulden des Zahnarztes ist beispielsweise ferner dann anzunehmen, wenn er jahrelang keine Fortbildungen besucht bzw. die wissenschaftliche Literatur nicht verfolgt hat und dadurch von der Tatsache, daß die von ihm durchgeführte Behandlung vom wissenschaftlichen Stand überholt ist, keine Kenntnis hatte. Dann liegt das erkennbare Verschulden darin, daß der Zahnarzt die wissenschaftlichen Entwicklungen seines Fachgebietes nicht verfolgt hat, obwohl jedem Mediziner die fortwährende Rechtspflicht zur beruflichen Fortbildung obliegt.[110] Dabei darf er sich grundsätzlich auf die Richtigkeit von Fachpublikationen verlassen, allerdings nicht dann, wenn in einer Fachpublikation augenfällige Fehler, wie beispielsweise Druckfehler bei Dezimalangaben im Zusammenhang mit Arzneimittelvergabe, enthalten sind.[111] Der Umfang der ärztlichen Fortbildung sowie die Inhalte richten sich nach der Position des Arztes sowie der Art seines Dienstes und obliegen der Beurteilung durch verantwortliche und kompetente Mediziner.[112] Grundsätzlich ist jedoch jeder Arzt verpflichtet, sich „bis an die Grenze des Zumutbaren“ über die Entwicklungen der Wissenschaft unterrichtet zu halten.[113] Dabei ist die regelmäßige Lektüre einschlägiger Fachzeitschriften auf dem entsprechenden Gebiet geboten[114]; entsprechend ist der Arzt und Zahnarzt verpflichtet, die jeweils

[108] BGH NJW 1991, 1535; 1998, 814; 2000, 2737; Deutsch, FS für Weißauer, 12 (14).
[109] BGH NJW 1987, 1479; 1997, 3090.
[110] So schon § 4 Abs. 1 MBO-Ärzte und § 2 MBO-Zahnärzte.
[111] BGH NJW 1970, 1963.
[112] Laufs in: Laufs/Uhlenbruck, a.a.O., § 11 Rn. 7.
[113] BGH VersR 1977, 546.
[114] BGH NJW 1991, 1535.

neueste Auflage eines medizinischen Lehrbuches, soweit es für sein Gebiet ein unentbehrliches Standardwerk darstellt, in seiner Praxis vorzuhalten und zu lesen.[115]

Keineswegs kann sich ein Zahnarzt dadurch entlasten, daß er einer durchaus üblichen, bei Zahnärzten eingerissenen Nachlässigkeit bei seiner Behandlungstätigkeit nachgegeben habe (sog. „verkehrsübliche Sorgfalt")[116], daß er schlecht ausgebildet sei oder daß er aufgrund von Arbeitsüberlastung keine Zeit habe, die wissenschaftlichen Fortschritte seines Faches zu verfolgen.

Kein erkennbares Verschulden liegt dagegen vor, wenn der Zahnarzt beispielsweise ein Medikament verwendet hat, von dem der Sachverständige im Rahmen des gerichtlichen Gutachtens feststellt, daß es zur Zeit der Gutachtenerstellung nicht mehr dem wissenschaftlichen Stand und somit nicht dem medizinischen Standard entspricht, die Verwendung zur Zeit der Behandlung aber durchaus noch vertretbar gewesen sei. Denn dem Zahnarzt kann kein Verschulden angelastet werden, wenn der zum Zeitpunkt der Behandlung bestehende Erkenntnisstand nunmehr überholt ist. Allerdings ist erhöhte Vorsicht im Behandlungsverhalten geboten, wenn zwar noch keine gesicherten wissenschaftlichen Erkenntnisse zur Schädlichkeit einer Behandlung vorliegen, es sich jedoch zunehmend Anzeichen schädlicher Folgen im konkreten Behandlungsfall abzeichnen.[117]

Als Freiberufler muß der Zahnarzt für den Standard seiner Berufsgruppe einstehen. Weicht daher ein Zahnarzt im Rahmen einer Behandlung vom Standard seiner Berufsgruppe ab, so muß er dem Patienten den Ausgleich für den Schaden gewähren, der aus der schuldhaft fehlerhaften Behandlung entstanden ist. Dabei ist dieser Ausgleich begrenzt auf das Risiko, das eine fehlerfreie zahnärztliche Behandlung vermieden hätte. Insofern beschränkt sich auch der Ersatzanspruch eines gesetzlich versicherten Patienten nach einer, aufgrund eines Behandlungsfehlers, fehlgeschlagenen zahnärztlich-prothetischen Behandlung auf die Leistungen einer vertragszahnärztlichen Versorgung. Die Ersatzbehandlung hat sich daher in Art und Ausmaß an der ursprünglich geplanten vertragszahnärztlichen Behandlung zu orientieren; die Ersatzpflicht beschränkt sich auf die Ausgaben, die dem Patienten bei einer nach den Grundsätzen der vertragszahnärztlichen Versorgung durchgeführten Behandlung entstehen, somit auf den sog. Eigenanteil.[118]

---

[115] Laufs in: Laufs/Uhlenbruck, a.a.O., § 11 Rn. 9.

[116] So bereits BGH BGHZ 8, 138 (140).

[117] BGH VersR 1956, 224.

[118] OLG Düsseldorf NJW 1992, 2365.

2. Einzelfälle aus der Rechtsprechung

Nicht jeder während oder nach einer Behandlung entstandene Schaden muß das Ergebnis einer Sorgfaltspflichtverletzung sein. Entsprechend kann auch der bloße Mißerfolg einer Behandlung keineswegs den Beweis für die angeblich schlechte Qualität einer zahnärztlichen Behandlung bzw. einen Behandlungsfehler darstellen.

Zwar ist oberstes Ziel jeder ärztlichen und zahnärztlichen Behandlung die Wiederherstellung der Gesundheit oder die Linderung eines physischen oder psychischen Leidens. Allerdings hängt der Erfolg einer ärztlichen Behandlung nicht nur von äußeren Faktoren, somit der Behandlungstätigkeit des Zahnarztes, sondern auch von inneren Faktoren, d.h. den physischen und psychischen Komponenten des Patienten, sowie Faktoren, die weder durch den Zahnarzt, noch durch den Patienten beeinflußbar sind, ab. So kann beispielsweise auch bei Einhaltung höchster hygienischer Sorgfalt eine Infektion entstehen; ebenso kann es aufgrund untypischer körperlicher Zustände und Reaktionen des Patienten zu einem Behandlungsmißerfolg kommen, obwohl der ärztliche Standard eingehalten worden ist.

Teilweise entstehen auch während der Behandlung Komplikationen, deren Ursache nur auf den ersten Blick in einem angeblichen Fehler der durchgeführten Behandlung, tatsächlich aber in einem parallel zur Behandlung verlaufenden Krankheitsverlauf liegen. Schließlich ist bei einigen medizinischen Eingriffen, insbesondere Operationen, die Gefahr der Verwirklichung eines Risikos so hoch, daß es sich auch bei Einhaltung des höchsten ärztlichen Sorgfaltsmaßstabes verwirklichen kann (sog. behandlungsimmanentes Risiko).

a) Indikation / Therapiewahl

Die dem Zahnarzt nach Rechtsprechung und Lehre zustehende Freiheit, die Methode und Therapie der von ihm übernommenen Behandlung frei zu wählen[119], ist an die Grenzen des zahnärztlichen Standards gebunden. Die Therapiefreiheit ist daher zunächst an der Frage der Indikation der geplanten Maßnahme zu messen.

[119] Siehe oben Kap. III.2.; Laufs, NJW 1999, 1758 (1765); NJW 2000, 1757 (1758); Katzenmeier, Arzthaftung, 2002, § 5 IV mwN.

aa) Konservierend-chirurgische Behandlung

Hauptstreitpunkt im Bereich der Füllungstherapie ist die Art des verwendeten Materials, wobei sich die Bedenken vorrangig gegen den quecksilberhaltigen Stoff Amalgam, der allerdings im Bereich der vertragszahnärztlichen Versorgung, soweit es nicht den Frontzahnbereich betrifft, das empfohlene und standardmäßige Füllmaterial ist, richten.

Inzwischen ist sowohl die zivilrechtliche[120] als auch die sozialrechtliche[121] Rechtsprechung einheitlich dahingehend, daß die Verwendung von Amalgam als Füllmaterial keinen Behandlungsfehler darstellt, da Amalgamfüllungen nach derzeitigem Erkenntnisstand nicht mit einem gesundheitlichen Risiko verbunden seien; zwar erhöhe sich die Quecksilberbelastung durch Amalgamfüllungen, allerdings lägen die bisher festgestellten Meßwerte deutlich unterhalb der Grenze eines toxikologischen Risikos.[122] Auch nach einer neueren Entscheidung besteht kein wissenschaftlich belegbarer Zusammenhang zwischen der Freisetzung von Quecksilber aus dem Amalgam und bestimmten Erkrankungen.[123] Entsprechend stellt es keinen Behandlungsfehler dar, wenn Amalgamfüllungen ohne vorherigen Allergietest entfernt werden, obwohl bei der Entfernung eine zeitweise höhere Quecksilberbelastung entsteht.[124] Die Kosten einer Amalgamentfernung müssen jedoch von dem Patienten getragen werden, soweit die Entfernung des Füllmaterials nur aus dem Grunde erfolgt, daß der Patient unter nicht objektivierbaren Beschwerden, die für eine chronische Amalgamvergiftung typisch sein sollen, leidet.[125] Denn der sozialrechtliche Leistungsumfang erfaßt nur solche Maßnahmen, die eine hinreichende Sicherheit für den Heilerfolg bieten.[126] Bei dem derzeitigen Stand der Amalgam-Diskussion bietet die Amalgamentfernung jedoch „nicht mehr als die gute Möglichkeit der Besserung des Gesundheitszustandes".[127]

---

120 OLG Koblenz MedR 1999, 464; OLG Hamm VersR 2002, 312; LG Augsburg VersR 1994, 1478.

121 BSGE 76, 40; LSG Bayern v. 28.6.2001 – L 4 KA 32/99; LSG Rheinland-Pfalz v. 23.7.1998 – L 5 K 13/96; SG Lüneburg v. 28.7.1994 – S 9 KA 70/93.

122 Insofern sind die von Koch/Weitz in MedR 1998, 551/552 zitierten Urteile auf Grundlage des „Kieler Amalgam-Gutachtens 1997" (erhältlich bei der Internationalen Gesellschaft für Ganzheitliche Zahnmedizin e.V., Seckenheimer Hauptstraße 111, 68239 Mannheim) überholt.

123 OLG Frankfurt/M. v. 1.7.2003 – 3 U 30/2000.

124 OLG Hamm AHRS 2693/105.

125 BSGE 85, 56 mit zustimmender Anmerkung von Spieß, SGb 2000, 489.

126 BSGE 70, 24; 76, 194; 81, 54; 82, 158; 84, 90.

127 Muschallik/Ziermann, Zukunftsperspektiven der vertragszahnärztlichen Versorgung, 169.

Im Hinblick auf die Extraktion von Zähnen ist besonders zu beachten, daß in der Zahnmedizin inzwischen der „Erhaltungsgrundsatz“ gilt: Danach soll die Extraktion eines Zahnes die letzte Behandlungsmöglichkeit sein, die erst dann durchzuführen ist, wenn zahnerhaltende Behandlungsmaßnahmen, d.h. konservierend-chirurgische und prophylaktische Behandlungen, zu keiner Besserung geführt haben.[128] Somit ist eine Zahnwurzelbehandlung gegenüber einer Extraktion des Zahnes, insbesondere auch bei einem auf eine Parodontitis hindeutenden Befund, grundsätzlich zu bevorzugen.[129] Ausnahmsweise ist das Absehen von derartigen zahnerhaltenden Maßnahmen vor einer Extraktion zulässig, wenn von vornherein ein „hoffnungsloser Fall“ vorliegt, wenn also die Zähne nicht erhaltungsfähig sind oder ein Erhaltungsversuch aufgrund des Allgemein- sowie Lokalbefundes aussichtslos ist.[130] Ein Behandlungsfehler liegt somit vor, wenn der Zahnarzt trotz vorhandener Erhaltungsmöglichkeiten einen Zahn extrahiert.[131]

Folgerichtig wurde ein Zahnarzt zur Zahlung materiellen und immateriellen Schadensersatzes verurteilt, der eine sog. Reihen- oder Totalextraktion (hier: sämtliche 14 noch vorhandene Zähne des Oberkiefers und vier Zähne des Unterkiefers bei einer 17jährigen Kassenpatientin) ohne den vorherigen Versuch einer Erhaltungsdiagnostik und Erhaltungstherapie mit einer entsprechenden Aufklärung vorgenommen hatte; bei der Annahme eines Behandlungsfehlers konnte den Zahnarzt auch nicht der Umstand entlasten, daß die Patientin Kassenpatientin war und über eine unzureichende Zahnpflege und fehlende Kooperationsfähigkeit bzw. -bereitschaft verfügte.[132]

Ebenfalls ist von einem Behandlungsfehler auszugehen, wenn der Zahnarzt bereits aufgrund eines einzigen Behandlungstermins davon ausgeht, daß die Zähne eines Patienten nicht erhaltungswürdig und somit die Extraktionen indiziert seien; denn die Motivierbarkeit eines Patienten zur Mund- und Zahnhygiene für die erhaltungsfähigen Zähne dürfe grundsätzlich nicht nur aufgrund eines Behandlungstermins ausgeschlossen werden.[133]

Bei Weisheitszähnen gilt dieser Erhaltungsgrundsatz nur eingeschränkt. Danach ist die Entfernung eines Weisheitszahnes bereits dann indiziert, wenn nur durch die Entfernung dieses Zahnes eine beabsichtigte prothetische Versorgung die seitliche Abstützung der vorderen Restzähne gewährleisten kann und der Patient

[128] Rinke/Balser, VersR 2001, 423 (424); LG Dortmund v. 11.5.1987 – 17 O 39/86.
[129] OLG Stuttgart AHRS 2693/106.
[130] OLG Hamm OLG-Report Hamm 2001, 142.
[131] OLG Düsseldorf AHRS 6410/69.
[132] OLG Oldenburg MDR 1999, 676.
[133] OLG Hamm OLG-Report Hamm 2001, 142.

darüber hinaus über Beschwerden klagt, die ihre wahrscheinliche Ursache in diesem Weisheitszahn haben.[134] Ferner ist die Extraktion eines teilretinierten Weisheitszahnes bereits indiziert, wenn der Zahn nicht korrekt im Kiefer steht und nicht davon auszugehen ist, daß er noch in der richtigen Stellung aus dem Kiefer herauswächst.[135]

Besteht keine Indikation für die Extraktion eines Zahnes, so ist die Extraktion unzulässig und stellt einen Behandlungsfehler dar.[136] Entsprechend stellt die Extraktion eines oder mehrerer Zähne lediglich auf Wunsch des Patienten aufgrund seiner selbstgestellten, unsinnigen Diagnose insbesondere wegen des Fehlens einer medizinischen Indikation einen Behandlungsfehler dar.[137]

bb) Prothetik

Die zahnärztlich-prothetische Behandlung ist häufig Gegenstand gerichtlicher Auseinandersetzungen zwischen Zahnarzt und Patient, weil sie sich nicht nur aus einer Vielzahl therapeutischer Einzelschritte zusammensetzt, sondern inzwischen eine Vielzahl an Möglichkeiten für die Gestaltung des Zahnersatzes in Betracht kommt. Grundsätzlich ist dem Einbau von Brücken, d.h. festsitzendem Zahnersatz, der Vorrang gegenüber dem Lückenschluß durch Teilprothesen, d.h. herausnehmbarem Zahnersatz, einzuräumen.[138] Ist allerdings aufgrund einer beim Patienten vorliegenden parodontalen Vorschädigung eine kombinierte festsitzende und herausnehmbare Prothetik geboten, so liegt in der Therapieentscheidung, allein festsitzenden Zahnersatz zu verwenden, ein Behandlungsfehler.[139] Wählt der Zahnarzt eine unnötig riskante Brückenkonstruktion, z.B. eine Vollverblockung statt einer zweigeteilten Brücke, so ist dies behandlungsfehlerhaft.[140] Ebenso liegt ein Behandlungsfehler vor, wenn die Kronen und Brücken im Front- und Seitenzahnbereich verblockt worden sind, obwohl diese Gestaltung nicht erforderlich gewesen wäre.[141]

---

[134] OLG Hamm AHRS 2692/100.
[135] OLG Düsseldorf v. 23.2.1990 – 8 U 169/88.
[136] LG Hannover v. 16.4.1985 – 19 O 109/85.
[137] BGH NJW 1978, 1206.
[138] OLG Bamberg AHRS 4800/117.
[139] OLG Hamm AHRS 2695/106.
[140] OLG Frankfurt VersR 1996, 1150.
[141] OLG Köln VersR 1993, 1400.

cc) Implantologie

In Ergänzung zu der Auswahl des Zahnersatzes besteht die Möglichkeit, einzelne Zähne durch die Insertion künstlicher Pfeiler, sog. Implantate, zu ersetzen. Bei der Implantologie handelt es sich daher um die Einpflanzung künstlicher Zahnwurzeln, auf die anschließend im Rahmen einer prothetischen Versorgung ein Zahnersatz eingegliedert wird. Zwar zählt somit die Implantologie grundsätzlich zum chirurgischen Tätigkeitsfeld des Zahnarztes; allerdings hat sich die Wissenschaft in diesem Behandlungsbereich in den vergangenen zehn bis fünfzehn Jahren unverhältnismäßig stark entwickelt, so daß es zu einer raschen Verbreitung gekommen ist und sich die Implantologie zu einem eigenen, renommierten Bereich innerhalb der Chirurgie in der Zahnheilkunde entwickelt hat. Bei der Implantologie entfernt sich der Zahnarzt maximal von dem eigentlichen Betätigungsfeld der Zahnbehandlung. Denn hier hat sich der Zahnarzt ausschließlich mit der Kieferknochenstruktur seines Patienten sowie der Vorbereitung einer anschließenden Versorgung mit künstlichem Zahnersatz durch Schaffung künstlicher Pfeiler"zähne" auseinanderzusetzen. Da sich die Implantologie erst seit Mitte der Achtziger Jahre des Zwanzigsten Jahrhunderts auch in der niedergelassenen Zahnarztpraxis etabliert hat, ist die Anzahl der zu diesem Bereich bisher ergangenen Urteile noch gering.

Zu beachten ist zunächst, daß die implantologische Behandlung grundsätzlich nicht zum vertragszahnärztlichen Leistungsspektrum[142] zählt, so daß die Behandlung aufgrund der privatzahnärztlichen Abrechnung einen finanziell durchaus interessanten Bereich für den niedergelassenen Zahnarzt darstellt. Gegenstand rechtlicher Auseinandersetzungen zwischen Zahnarzt und Patient ist daher bereits häufig die Frage, ob für die durchgeführte Versorgung mit Implantaten überhaupt eine medizinische Indikation vorlag.

Ist der Knochenabbau im Kiefer des Patienten schon so weit fortgeschritten, daß der Knochen keinen genügenden Halt für die Implantate bieten kann, so wird ein Behandlungsfehler, und zwar sogar ein grober Behandlungsfehler, darin gesehen, daß ein Zahnarzt Implantate zur Verankerung von Zahnersatz eingebracht hat.[143] Auch die Insertion von Implantaten bei einem Patienten, der unter einem schlecht eingestellten oder nicht einstellbaren Diabetes mellitus leidet, ist aufgrund der dadurch bestehenden Kontraindikation ein Behandlungsfehler.[144]

Gegenstand rechtlicher Auseinandersetzungen bilden weiterhin die Fragen der Geeignetheit des verwendeten Materials, aus dem die künstlichen Zahnwurzeln

[142] siehe hierzu Kapitel 4.a).
[143] OLG Köln v. 25.2.1998 – 5 U 157/97, VersR 1998, 1511.
[144] OLG Köln VersR 1987, 620.

bestehen, sowie die Anordnung bzw. Positionierung der eingebrachten Implantate. Die Verwendung des Materials Titan statt Vitallium 2000 bei einem Implantat implizierte zumindest Anfang der 90er Jahre keinen Behandlungsfehler.[145]

b) Behandlung

aa) Konservierend-chirurgische Behandlung

Im Rahmen der Zahnerhaltungsmaßnahmen spielt die Endodontie, d.h. die Behandlung der Zahnwurzel, eine wesentliche Rolle. Denn inzwischen hat sich in der Zahnmedizin die Auffassung durchgesetzt, wonach zahnerhaltenden Maßnahmen vor zahnentfernenden Maßnahmen unbedingte Priorität eingeräumt wird.[146]

Allerdings wird bei endodontischen Behandlungsmaßnahmen der Dienstleistungscharakter einer zahnärztlichen Behandlung und somit die Nichtgeltung einer Erfolgshaftung besonders deutlich: eine endodontische Behandlung kann stets nur den Versuch einer zahnerhaltenden Maßnahme darstellen, da nicht im vornherein erkennbar ist, inwieweit der Zahn bereits vorgeschädigt ist und ob eine endodontische Behandlung überhaupt noch das durch die Schädigung vorgezeichnete Schicksal des Zahnes positiv beeinflussen kann. Darüber hinaus ist zu berücksichtigen, daß eine Wurzelbehandlung mehr oder weniger „blind“ durch den Zahnarzt durchgeführt werden muß, da er während der Ausräumung und Reinigung sowie der anschließenden Füllung des Wurzelkanals keine Einsicht in das Behandlungsfeld, d.h. den Wurzelkanal, nehmen kann. Angesichts dieser Unwägbarkeiten indiziert ein Fehlschlagen der durchgeführten endodontischen Behandlung und somit der anschließende Verlust des Zahnes keineswegs zwangsläufig einen Behandlungsfehler des Zahnarztes, sondern stellt ein unvermeidbares Risiko dar.

Bei zahnärztlichen Behandlungen werden regelmäßig mechanische oder instrumentelle Eingriffe am oder im menschlichen Körper vorgenommen; jedenfalls aber wird mit Instrumenten auch ohne unmittelbaren Eingriff am Körper an den Zahnkronen des Patienten gearbeitet. Zu den besonders schwerwiegenden Eingriffen im Bereich der Zahnmedizin zählt neben der Extraktion von Zähnen die operative Entfernung von Zähnen (Osteotomie). Darüber hinaus zählt hierzu die operative Entfernung bzw. Eröffnung von Ab-zessen (Inzision), Zysten, Schleimhaut oder Granulationsgewebe (Exzision) sowie die Entfernung chro-

[145] OLG Oldenburg AHRS 2699/100.
[146] Siehe oben 2.a).

nisch entzündeter Zahnwurzeln (Wurzelspitzenresektion). Einem chirurgischen Eingriff immanent, insbesondere aufgrund der genutzten Instrumente als „Werkzeug“ im Sinne des Strafgesetzbuches, ist die besonders hohe Gefahr, nicht nur den beabsichtigten Körperbereich im geplanten Ausmaß zu verletzen, sondern darüber hinaus andere Körperteile zu verletzen oder das gewünschte Ausmaß der beabsichtigten Verletzung zu überschreiten. Insofern muß bei Schäden, die während bzw. im Anschluß an eine zahnärztliche Maßnahme entstehen, danach differenziert werden, ob der Schaden durch einen Behandlungsfehler entstanden ist oder die Verwirklichung eines behandlungsimmanenten Risikos darstellt.

Daher ist nach der Rechtsprechung kein Behandlungsfehler anzunehmen, wenn im Rahmen einer Wurzelkanalbehandlung ein 3 – 4 mm großes Stück der Instrumentenspitze abbricht und im Zahn verbleibt; ebenso wenig ist von einem Behandlungsfehler auszugehen, wenn sich hieraus ein krankhafter Prozeß an der Wurzelspitze entwickelt.[147]

Ebenso ist es nach der Rechtsprechung kein Behandlungsfehler, wenn es bei einer Wurzelfüllung des Zahnes 25 zu einer bis in die Kieferhöhle eindringenden Überstopfung des verfüllten Wurzelkanals gekommen ist, da eine derartige Überstopfung aufgrund der Nähe des Zahnes 25 zu der darüber liegenden Begrenzung der Kieferhöhle nicht immer vermeidbar ist. [148]

Zu den behandlungsimmanenten Risiken im Rahmen zahnärztlich-chirurgischer Eingriffe zählt bei der sorgfaltsgerechten operativen Entfernung von Weisheitszähnen die Fraktur des Kiefers[149] sowie die Verletzung der in der Nähe der Weisheitszähne verlaufenden Nerven (Nervi linguales, mandibulares und alveolares)[150]. Auch das Auftreten von Nachblutungen nach einer Weisheitszahnentfernung stellt ein behandlungsimmanentes Risiko dar.[151] Ebenso zählt inzwischen das Entstehen einer Kieferknochenmarksentzündung (Osteomyelitits) zu den behandlungsimmanenten Risiken einer Weisheitszahnentfernung mittels Osteotomie.[152]

Auch bei einwandfreier Extraktionstechnik kann eine Mund-Antrum-Perforation, d.h. die Eröffnung der Kieferhöhle, bei der Entfernung des Seiten-

[147] KG Berlin AHRS 2693/10.
[148] OLG Brandenburg MedR 2001, 196.
[149] OLG Braunschweig AHRS 2694/113.
[150] BGH NJW 1994, 799; OLG München MedR 1995, 363.
[151] LG Frankfurt/M. VersR 1981, 1040.
[152] OLG Köln GesR 2003, 173.

zahnes 17 entstehen.[153] Kommt es nach der Extraktion eines Molaren (Backenzahn) zu einer Kieferhöhleneröffnung und schlägt der operative Verschluß wegen einer entstandenen Infektion fehl, dann genügt es dem zahnärztlichen Sorgfaltsmaßstab, wenn Spülungen der Kieferhöhle vorgenommen werden.[154]

Dagegen ist die Verwendung einer fehlerhaften Technik bei Extraktion eines Zahnes behandlungsfehlerhaft.[155] So stellt es einen Behandlungsfehler dar, wenn der Versuch der Extraktion eines Zahnes zum Zwecke der operativen Zahnentfernung nicht beendet wird, obwohl sich bei der aufgrund der Neigung des zu entfernenden Zahnes vorgegebenen Luxationsrichtung ein erheblicher knöcherner Widerstand und der Versuch der Lockerung des Zahnes mit einem Hebelinstrument als erfolglos zeigen.[156] Ebenso behandlungsfehlerhaft ist es, wenn bei einer vertikalen Verlagerung eines Weisheitszahnes der Zahn 48 nicht separiert, sondern lediglich mit einer Fräse freigelegt, mit einem Hebel gelockert und mit der Zange extrahiert worden ist, so daß es zum Bruch des Kiefers gekommen ist.[157]

Treten in der Kieferhöhle starke zystische Veränderungen auf und sind durch die Ausbreitung des entzündlichen Prozesses die angrenzenden knöchernen Strukturen gefährdet, so stellt ein operatives Eingreifen nicht nur keinen Behandlungsfehler dar, sondern ist sogar erforderlich.[158] Eine Revisionsoperation ist dringend geboten, wenn sich wenige Monate nach einem solchen Eingriff erneut eine Fistel bildet; dabei läßt das Erfordernis einer operativen Revision nicht zwingend auf ein ärztliches Versäumnis bei der Erstoperation schließen, und zwar insbesondere dann nicht, wenn die vollständige Entfernung der Zyste wegen umfangreicher narbiger Veränderungen in der Kieferhöhle stark erschwert war.[159]

bb) Prothetik

Im Zusammenhang mit einer zahnärztlich-prothetischen Versorgung können aufgrund der zahlreichen Behandlungsschritte, insbesondere auch im Vorwege der eigentlichen Versorgung, zahlreiche Behandlungsfehler unterlaufen. So muß

---

153 OLG Düsseldorf AHRS 2694/101.
154 OLG Hamm v. 3.11.1993 – 3 U 217/92.
155 Siehe im Einzelnen zu den haftungsrechtlichen Aspekten von Zahnextraktionen: Gaisbauer, VersR 1997, 274 ff.
156 OLG Köln VersR 1992, 1475.
157 OLG Oldenburg VersR 1998, 1381.
158 OLG Düsseldorf AHRS 2395/101.
159 OLG Düsseldorf AHRS 2395/101.

vor einer zahnprothetischen Maßnahme eine vollständige erfolgreiche Kariesbehandlung sichergestellt sein.[160] Soll ein elongierter Zahn mit einer Teilkrone versorgt werden, so stellt es einen Behandlungsfehler dar, wenn er nicht zuvor gekürzt wird.[161] Kein Behandlungsfehler liegt vor, wenn vor dem Einsetzen einer Zahnbrücke von einer Wurzelfüllung abgesehen wird, soweit die Brücke zunächst provisorisch und erst nach einiger Zeit endgültig eingesetzt wird.[162]

Fraglich ist, inwieweit die Durchführung einer Parodontalbehandlung vor der Versorgung mit Zahnersatz geboten ist. Nach einer Entscheidung des Landgerichts Aachen vom 17.5.1999[163] soll es nicht behandlungsfehlerhaft gewesen sein, daß ein Zahnarzt eine prothetische Neuversorgung ohne die notwendige präprothetische Parodontosebehandlung vorgenommen hatte, da der Patient in dem von dem Landgericht zu entscheidenden Fall keine „unangenehme" Parodontosebehandlung wünschte, obwohl er wußte, daß Mundspülmaßnahmen nicht ausreichen würden. Es ist allerdings fraglich, ob dieser Entscheidung im Ergebnis tatsächlich gefolgt werden kann. Denn nach richtiger Rechtsauffassung ist der Behandler verpflichtet, die Durchführung kontraindizierter Behandlungen, auch wenn der Patient diese ausdrücklich wünscht, zu verweigern.[164]

Entsprechend ist bei einer noch nicht abgeklungenen Parodontose das feste Eingliedern eines Zahnersatzes nicht vertretbar, selbst wenn der Patient dieses wünscht; es darf vielmehr nur provisorisch eingegliedert werden.[165] Denn nach medizinischem Standard ist eine prothetische Versorgung ohne vorherige Behandlung einer behandlungsbedürftigen Parodontose kontraindiziert, so daß der Zahnarzt bei bestehender Zahnfleischerkrankung vor der Eingliederung von Zahnersatz eine Parodontosebehandlung durchzuführen und die nicht mehr erhaltungswürdigen Zähne zu entfernen hat.[166] Unterläßt der Zahnarzt die Behandlung des parodontalen Zustandes, so ist der Patient berechtigt, den Behandlungsvertrag zu kündigen, da eine unter diesen Umständen durchgeführte Prothesenversorgung fehlerhaft ist.[167] Daher ist die Entscheidung des Landge-

---

160 OLG Oldenburg AHRS 2695/105.
161 OLG Oldenburg AHRS 2695/105.
162 OLG Hamm AHRS 2695/133.
163 LG Aachen VersR 2000, 1374.
164 OLG Karlsruhe MedR 2003, 104.
165 OLG Köln VersR 1993, 361.
166 OLG Düsseldorf AHRS 2695/107; OLG Hamm AHRS 6405/102; OLG Düsseldorf AHRS 2695/146.
167 OLG Hamm v. 25.1.1982 – 3 U 211/81; OLG Karlsruhe VersR 1989, 852; OLG Hamm v. 26.6.1991 – 3 U 279/90.

richts Aachen meines Erachtens, zumindest hinsichtlich dieses Leitsatzes, fehlerhaft.[168]

Zur Sicherung der Bißlage ist vor dem Beschleifen der Zähne eine Bißnahme durchzuführen.[169] Erstellt der Zahnarzt jedoch bereits im Anschluß an eine ausgedehnte parodontalchirurgische Behandlung den Abdruck für den bleibenden Zahnersatz, so ist dies grob fehlerhaft.[170]

Es stellt keinen Behandlungsfehler durch Unterlassen dar, wenn der Zahnarzt keine Bioverträglichkeitsprüfung in Bezug auf eine Kupfer-Palladium-Legierung veranlaßt, da es keinen wissenschaftlich begründeten Verdacht toxischer Wirkung einer solchen Legierung gibt. Bioverträglichkeitsprüfungen sind allenfalls dann angezeigt, wenn der Patient den Zahnarzt über bestehende Allergien und Unverträglichkeiten informiert hat.[171]

Wird neu angefertigter Zahnersatz im Rahmen einer Zahnsanierung sofort fest einzementiert, ohne ihn zunächst für eine gewisse Zeit provisorisch einzugliedern und sich so die Möglichkeit einer nachträglichen Korrektur offenzuhalten, so stellt dies einen Behandlungsfehler dar.[172] Es ist grob fehlerhaft, wenn eine Brücke endgültig einzementiert wird, obwohl der Kronenrandschluß nicht vollständig exakt gearbeitet worden ist, so daß die Brücke teilweise nicht die Präparationsgrenze erreicht und somit beschliffene Zahnsubstanz freiliegt.[173]

cc) Implantologie

Auch im Rahmen der Implantation muß bei einem Fehlschlagen der Behandlung, d.h. bei einem Verlust der künstlichen Zahnwurzel, zwischen einem möglichen Behandlungsfehler des Zahnarztes und einem behandlungsimmanenten Risiko unterschieden werden. Nach der Rechtsprechung stellt es grundsätzlich keinen Behandlungsfehler dar, wenn ein Implantat nicht in dem Kieferknochen einheilt; die erfolgreiche Einheilung eines Implantates kann nicht garantiert werden, da der Implantatverlust aufgrund des Nichteinheilens im Knochen zu den behandlungsimmanenten Risiken einer Implantatinsertion zählt.[174] Soll eine

---

168 Die Parteien des Rechtsstreites vor dem LG Aachen haben sich im Übrigen in der Berufungsinstanz verglichen.

169 OLG Düsseldorf AHRS 2695/116.

170 OLG Düsseldorf AHRS 2695/131.

171 OLG Hamm NJW 1999, 3421.

172 OLG Düsseldorf AHRS 2695/106; LG Mönchengladbach MDR 1995, 79.

173 OLG Stuttgart VersR 1999, 1017.

174 OLG Hamburg AHRS 2070/4.

Brücke vier fehlende Zähne ersetzen, so darf sie grundsätzlich nicht allein an ein einpfostiges Implantat und einen einzigen Zahn angehängt werden, anderenfalls liegt ein Behandlungsfehler vor.[175] Hat ein Zahnarzt ein IMZ-Titan-Insert nicht sachgerecht eingebracht und hat er nach Bildung von Knochentaschen mit einer geschlossenen Curettage keine ausreichende Behandlung zur Rettung des Implantates durchgeführt, so ist sein Verhalten als grober Behandlungsfehler zu werten.[176] Sofern das Knochengewebe erheblich vernarbt ist, ist es kein Behandlungsfehler, wenn das Implantatgerüst nicht auf dem Jochbogen abgestützt worden ist.[177] Ein Behandlungsfehler liegt allerdings vor, wenn bei der Insertion von Implantaten ein Sicherheitsabstand von 2 – 3 mm zum Nervenkanal nicht eingehalten wird.[178]

c) Nachbehandlung

Zu jeder ärztlichen und zahnärztlichen Behandlung zählt die Nachschau sowie die etwaige Nachbehandlung durch den Zahnarzt. Je nach Eingriff haben diese Nachsorgemaßnahmen einen unterschiedlichen Umfang.

Eine röntgenologische Kontrolle einer abgeschlossenen Wurzelbehandlung ist regelmäßig erst nach drei Monaten geboten.[179] Wird jedoch die umgehende intraoperative Kontrolle mit nachfolgender Entfernung des überstopften Füllmaterials unmittelbar nach der Wurzelfüllung versäumt, so liegt ein Behandlungsfehler vor.[180] Denn wird eine Wurzelbehandlung ohne begleitende Röntgendiagnostik durchgeführt, so stellt dies einen Behandlungsfehler, und zwar einen groben Behandlungsfehler dar.[181]

Nach der Extraktion eines einzelnen Zahnes muß nicht zwingend eine Nachschau am nächsten Tag stattfinden; regelmäßig reicht hier der Hinweis an den Patienten, bei auftretenden Beschwerden unverzüglich einen Zahnarzt aufzusuchen und anderenfalls sich nach ca. einer Woche zur Kontrolle in der Praxis erneut vorzustellen. Bei Entfernung mehrerer Zähne in einem Kiefer kann es jedoch zur Ablösung einzelner Knochenteile kommen, was letztendlich zu einer Knochenmarksentzündung führen kann; daher ist bei sog. Serienextraktionen

[175] OLG Düsseldorf AHRS 2699/3.
[176] OLG Hamm AHRS 2699/103.
[177] OLG Oldenburg AHRS 2699/100.
[178] AG Nürnberg v. 3.12.1996 – 36 C 3181/94.
[179] OLG Stuttgart AHRS 2693/106.
[180] OLG Brandenburg MedR 2001, 196.
[181] OLG Hamm AHRS 2693/104.

eine zeitnahe Wundkontrolle auf jeden Fall erforderlich.[182] Aufgrund des Risikos einer Kiefereröffnung stellt das Unterlassen des sog. Nasenblasversuches nach der Extraktion eines Seitenzahnes im Oberkiefer zur Untersuchung einer Kieferhöhlenperforation einen Behandlungsfehler dar.[183]

Eine röntgenologische Kontrolle der Paßgenauigkeit eines Implantates dagegen gehört nicht zum medizinischen Standard; stattdessen soll der klinische Befund durch Umfahrung des Implantates mit einer Sonde ausreichend sein zur Feststellung der Paßgenauigkeit zwischen Suprakonstruktion und Metallschraube.[184]

d) Mitverschulden des Patienten

Auf der Rechtsgrundlage des Behandlungsvertrages ist der Patient verpflichtet, alles für ihn Mögliche und Zumutbare zu erfüllen, um eine erfolgreiche Behandlung zu ermöglichen. Hierzu zählt im Rahmen der sog. „Compliance“ insbesondere, Untersuchungen, Behandlungen oder Eingriffe zu dulden, ärztliche Anweisungen sowie Anordnungen zu befolgen, Vorerkrankungen und Unverträglichkeiten zu offenbaren und den Arzt auf bei ihm auftretende Symptome und Besonderheiten hinzuweisen.[185] Die Grenze der Mitwirkungspflichten wird durch das Selbstbestimmungsrecht des Patienten gesetzt, so daß die „Patienten-Compliance“ als vertragliche Nebenpflicht weder einklagbar noch anderweitig erzwingbar ist.

Zeigt sich allerdings eine „Non-Compliance“ des Patienten, kann diese dem Einwand der Schlechterfüllung des Behandlungsvertrages entgegengehalten werden und begründet regelmäßig ein Mitverschulden des Patienten gemäß § 254 BGB im Haftungsprozeß. Der Arzt darf sich dann darauf berufen, daß der Patient einen Schaden durch sein eigenes schuldhaftes Verhalten mitverursacht hat.[186] Denn läßt es der Patient an der erforderlichen Mitwirkung fehlen, so kann die Behandlung auch bei behandlungsfehlerfreier Durchführung, ohne daß hierfür ein behandlungsimmanentes Risiko verwirklicht wird, fehlschlagen.

Aufgrund des Wissens- und Informationsvorsprungs des Arztes gegenüber dem Patienten kann jedoch eine mitverschuldensbegründende Obliegenheitsver-

---

[182] OLG Karlsruhe v. 21.2.1968 – 1 U 128/66.

[183] OLG Karlsruhe AHRS 2694/6.

[184] OLG Oldenburg AHRS 2699/100.

[185] Siehe zu dem Themenkomplex Mitwirkungspflichten des Patienten ausführlich: Göben, Das Mitverschulden des Patienten im Arzthaftungsrecht; Laufs/Uhlenbruck, a.a.O., §§ 78 ff.

[186] BGH MDR 1997, 353; BGH NJW 1992, 2961.

letzung des Patienten nur mit Zurückhaltung angenommen werden. So kann der Einwand des Mitverschuldens bei der Nichtbefolgung ärztlicher Anweisungen nur dann durchgreifen, wenn der Patient von dem Arzt vollständig über das von ihm geforderte Verhalten unterrichtet wurde der Patient die Anweisungen verstanden hat.[187]

Auch und insbesondere im zahnärztlichen Bereich ist zum Gelingen einer zahnärztlichen Maßnahme eine entsprechende Mitwirkung des Patienten erforderlich. Allerdings soll keine Verletzung der Mitwirkungspflicht des Patienten darin zu sehen sein, dass der Patient beim Einsetzen der Brücke nicht richtig zugebissen hat, so daß zu viel Zement unter der Brücke verblieben ist und somit außerhalb der Toleranz liegende Randspalten am Übergang von Krone zum Zahn entstanden sind. Vielmehr ist es allein dem Aufgabenbereich des Zahnarztes zugehörig darauf zu achten, daß der Patient beim Einsetzen der Brücke richtig zubeißt.[188]

Treten jedoch bei einem Patienten nach provisorischem oder endgültigem Einfügen von Brücken oder Kronen im Gebiß Schmerzen bzw. Mißempfindungen auf und meldet und beschreibt er diese nicht unverzüglich dem Zahnarzt, so können etwaige sich hieraus entwickelnden Schadensabläufe nicht dem Behandler zugerechnet werden.[189] Entsprechend muß der Patient dem Zahnarzt die Gelegenheit zur Durchführung und Beendigung einer erfolgreichen Behandlung gewähren. Ist der Patient somit nicht bereit, sich erforderlichen Behandlungsmaßnahmen zu unterziehen, so insbesondere die Vornahme von Einschleifmaßnahmen zur Beseitigung entstandener Druckstellen nach Eingliederung von Zahnersatz, kann ein etwaiger Mißerfolg der Behandlung keine haftungsrechtlichen Ansprüche des Patienten gegen den Zahnarzt begründen.[190]

e) Beweisrechtliche Fragen

Wie bereits dargelegt, indiziert nicht jedes Fehlschlagen einer zahnärztlichen Behandlungsmaßnahme zwingend das Vorliegen eines Behandlungsfehlers. Insofern kann der Umstand, dass ein Sachverständiger im Nachgang zu einer streitgegenständlichen Behandlung aufgrund Zeitablaufs oder Abänderung des Behandlungsergebnisses durch Verlust des Zahnes oder Auswechseln des streitgegenständlichen Zahnersatzes nicht mehr feststellen kann, ob ein Behandlungsfehler vorliegt oder nicht, selbst bei unstreitig vorliegendem Schaden nicht zwingend von einem Behandlungsfehler ausgegangen werden. Vielmehr bleibt

[187] BGH MDR 1997, 353; BGH NJW 1997, 1635.
[188] LG Hannover v. 30.4.1998 – 19 S 25/97.
[189] OLG Düsseldorf v. 1.10.1987 – 8 U 183/86.
[190] LG Hannover v. 4.10.2001 – 19 O 5798/00-302.

dann der Patient mit seiner Behauptung, es liege ein Behandlungsfehler vor, beweisfällig.

So ist zwar nach der Rechtsprechung das Herausfallen einer Füllung aus einem Schneidezahn (hier: Zahn 22) kurz nach ihrem Einsetzen ungewöhnlich; es gibt jedoch noch kein sicheres Indiz für einen Qualitätsmängel in der Arbeit des Zahnarztes.[191] Denn das Ziel der Füllungstherapie ist zwar eine dauerhafte Verbindung zwischen Zahn und Füllmaterial; allerdings ist die Haltbarkeit der Füllung aufgrund der ständigen Belastung durch Kauvorgänge und fortlaufenden Speichelfluß sowie anderweitige Stoffeinwirkungen nicht allein von der Behandlungstätigkeit des Zahnarztes abhängig.[192]

Nachblutungen nach einer Weisheitszahnentfernung deuten nicht auf einen Behandlungsfehler hin, da es sich hierbei um ein behandlungsimmanentes Risiko handelt.[193]

Es bedeutet keinen Behandlungsfehler des Zahnarztes, wenn nach einer mehrere Jahre zurückliegenden prothetischen Gebißversorgung Defekte von Kunststoffverblendungen, überstehende Kronenränder und Paßungenauigkeiten sowie Kiefergelenksbeschwerden auftreten.[194] Treten bei einem Patienten nach der Versorgung mit einer Teleskopprothetik Spannungsschmerzen auf, so ist dies ebenfalls kein Indiz für einen Behandlungsfehler des Zahnarztes.[195]

Bei der Implantologie obliegen dem Zahnarzt zur Sicherung des Behandlungsergebnisses umfangreiche Kontrollpflichten. Hat daher ein Zahnarzt entgegen medizinischer Notwendigkeit und Üblichkeit unterlassen, den ordnungsgemäßen Sitz eingefügter Implantate in Bezug auf Achsneigung und genügende Tiefe röntgenologisch zu kontrollieren und das Ergebnis entsprechend zu dokumentieren, so trifft ihn nach der Rechtsprechung die Beweislast dafür, daß später aufgetretene Komplikationen nicht auf fehlerhafter Insertion beruhen, wenn fehlerhafte Ausführung der Insertion und deren Schadensursächlichkeit jedenfalls nicht unwahrscheinlich sind.[196]

---

[191] OLG Köln v. 17.11.1996 – 5 U 113/96.

[192] Aus diesem Grunde sind Milchzahnfüllungen, Zahnhalsfüllungen, mehr als dreiflächige Füllungen, Eckenaufbauten im Frontzahnbereich unter Einbeziehung der Schneidekanten sowie Fälle, in denen besondere Fälle wie Vorerkrankungen oder Bruxismus vorliegen, von der zweijährigen Gewährleistungspflicht nach § 136 b SGB V durch Beschluß vom 13.12.1993 ausgenommen, vgl. hierzu unten Kapitel V.

[193] LG Frankfurt/M. VersR 1981, 1040.

[194] OLG Düsseldorf AHRS 2695/18.

[195] OLG Köln v. 29.6.1995 – 5 U 186/94.

[196] OLG Köln VersR 1995, 582; OLG Saarbrücken MDR 1998, 469.

3. Geltung des Facharztstandards in der Zahnheilkunde

Ärztliche Eingriffe, insbesondere chirurgische Eingriffe, beinhalten aufgrund der unmittelbaren Beeinträchtigung der körperlichen Unversehrtheit sowie der begleitend erforderlichen Anästhesie regelmäßig eine hohe Gefährlichkeit. Daher sind bei ärztlichen Eingriffen, besonders bei Operationen, hohe Maßstäbe an die ärztliche Sorgfaltspflicht anzusetzen. Dies gilt sowohl für ärztliche als auch für zahnärztliche Behandlungsmaßnahmen.

Unter Berücksichtigung dieser Prämisse hat die arzthaftungsrechtliche Rechtsprechung den sog. Facharztstandard in der haftungsrechtlichen Rechtsprechung entwickelt. Fraglich ist, ob die Rechtsprechung zum Facharztstandard auf den Tätigkeitsbereich des Zahnarztes, insbesondere im Bereich der chirurgischen Tätigkeit, übertragbar ist.

a) Facharztstandard

Ein Facharzt ist ein Arzt, der aufgrund einer unter Ableisten einer Abschlußprüfung absolvierten Weiterbildung berechtigt ist, eine sog. Gebietsbezeichnung zu führen. Die Approbation wird durch eine staatliche Behörde erteilt und stellt die Erlaubnis dar, überhaupt als Arzt tätig zu sein. Die Anerkennung einer Gebietsbezeichnung wird dagegen durch die Ärztekammer ausgesprochen.[197] Sinn und Zweck der ärztlichen Weiterbildung ist daher die Spezialisierung und Vertiefung medizinischer Kompetenz auf einem konkret begrenzten Fachgebiet, was letztendlich der Qualitätsverbesserung der ärztlichen und medizinischen Versorgung der Bevölkerung dienen soll. Aus den Weiterbildungsordnungen der einzelnen Ärztekammern, die sich sämtlich an der jeweils aktuellen Musterweiterbildungsordnung der Bundesärztekammer[198] orientieren, ergeben sich die möglichen Fachgebietsbezeichnungen, deren Kombinationsmöglichkeiten sowie die in Betracht kommenden Weiterbildungsstätten. Gemeinsam ist allen Weiterbildungsordnungen der einzelnen Ärztekammerbezirke auf Grundlage des § 4 MWBO, daß die Weiterbildung „im Rahmen mehrjähriger Berufstätigkeit unter Anleitung zur Weiterbildung befugter Ärzte" stattfinden soll. Grundsätzlich hat daher die Weiterbildung ganztägig und hauptberuflich nach Abschluß der Berufsausbildung, d.h. nach Erlangung der Approbation, zu erfolgen. Mit Erhalt

[197] Nach dem sog. Facharztbeschluß des Bundesverfassungsgerichts gehört die „Regelung der ärztlichen Weiterbildung nach Erteilung der Approbation und damit die gesamte Regelung des Facharztwesens (...) zur ausschließlichen Gesetzgebungszuständigkeit der Länder" – BVerfG NJW 1972, 1504 (1505).

[198] Derzeit: Musterweiterbildungsordnung auf Grundlage der Beschlüsse vom 106. Deutschen Ärztetag in Köln am 24.7.2003.

der Facharztbezeichnung ist der Arzt auf Grundlage des § 22 MWBO grundsätzlich auf sein spezielles Fachgebiet begrenzt, wobei eine starre Abgrenzung zwischen einigen Fachgebieten nicht möglich ist.[199]

Nach dem Facharztstandard hat jeder Patient, der eine ärztliche Fachabteilung eines Krankenhauses oder eine Facharztpraxis aufsucht, einen Anspruch auf eine Behandlung, die dem Standard eines erfahrenen Facharztes entspricht.[200]

Das bedeutet jedoch nicht, daß jede Behandlung durch einen Facharzt durchgeführt werden muß. Denn zur Gewährung einer optimalen Weiterbildung von Ärzten ist es erforderlich, daß der sich in der Weiterbildung befindliche Arzt nicht nur theoretisches Wissen ansammelt, sondern dieses praktisch ein- und umsetzt und somit die medizinische Behandlung als solche einübt und die auf die einzelnen Behandlungsschritte möglichen Reaktionen des menschlichen Körpers kennen lernt. Dem Weiterbildungsassistenten ist dabei je nach Ausbildungs- und Wissensstand ein zunehmendes Maß an Selbständigkeit zu gewähren. Dies ist vom Patienten auch hinzunehmen. Zum Schutz des Patienten sind jedoch ausreichende Vorkehrungen dahingehend zu treffen, daß das „Üben" des noch nicht abschließend weitergebildeten Arztes keine negativen Auswirkungen auf die Behandlung des Patienten hat. Daher muß gewährleistet sein, daß der behandelnde Arzt entweder über die erforderlichen Kenntnisse und Erfahrungen eines Facharztes verfügt oder aber, sofern Zweifel am Bestehen der erforderlichen fachärztlichen Kenntnisse und Erfahrungen bestehen, durch einen Facharzt, der gegebenenfalls korrigierend in den Behandlungsablauf eingreifen kann, überwacht wird.[201]

Es ist somit nicht entscheidend, ob der behandelnde Arzt tatsächlich bereits die formelle Anerkennung als Facharzt erhalten hat; vielmehr ist entscheidend, ob er über die im Rahmen der bisherigen Ausbildung, Weiterbildung und Tätigkeit gesammelten Kenntnisse und Erfahrungen im konkreten Fall verfügt.[202] Daraus folgt, daß nicht etwa jeder Nicht-Facharzt unter Aufsicht eines Facharztes arbeiten muß. Vielmehr darf diese Aufsicht mit zunehmenden Kenntnissen und Er-

---

[199] Auch vertragsarztrechtlich wird hinsichtlich der Abrechenbarkeit der einzelnen Gebührenziffern eine gewisse Toleranzbreite gewährt. So bedeutet auch die Zuordnung einer Leistung zu einem bestimmten Fachgebiet nicht per se, daß diese Leistung für alle übrigen Fachgebiete fachfremd sei (Peikert, MedR 2000, 123 (128) unter Bezugnahme auf VG Münster MedR 1999, 284). Nicht zulässig ist jedenfalls die fortdauernde Tätigkeit außerhalb des jeweiligen Fachgebietes (BSG NJW 1965, 2030; BVerfG NJW 1972, 1504; BSGE 36, 155; BSGE 36, 161).

[200] BGH NJW 1984, 655 ff.; BGH VersR 1987, 686; BGH NJW 1992, 1560; BGH NJW 1993, 2989.

[201] BGH NJW 1984, 655.

[202] BGH NJW 1978, 584.

fahrungen des Nicht-Facharztes gelockert werden.[203] Sobald der Nicht-Facharzt die Gewähr dafür bietet, den fachärztlichen Standard zu beherrschen, kann die Aufsicht schließlich ganz entfallen, und zwar selbst dann, wenn die Facharztprüfung als solche noch nicht absolviert ist.[204]

Solange jedoch aufgrund mangelnder Kenntnis und Erfahrung nicht gewährt ist, daß der Nicht-Facharzt den fachärztlichen Standard im jeweiligen Einzelfall beherrscht, ist es zwingend erforderlich, daß die Aufsicht durch einen Facharzt erfolgt; selbst ein älterer, erfahrener Assistenzarzt, der kein Facharzt ist, ist als anleitender und überwachender Arzt nicht ausreichend, da er die Einhaltung des fachärztlichen Standards, zumindest nach Ansicht des Bundesgerichtshofes, nicht gewährleisten kann.[205]

Ist der Facharztstandard nicht eingehalten worden, sei es wegen der mangelnden Qualifikation des nicht-fachärztlichen Behandlers oder wegen des Umstandes, daß dieser nicht durch einen Facharzt beaufsichtigt worden ist, so kommt es zu einer Beweislastumkehr hinsichtlich der Ursächlichkeit des Behandlungsfehlers für den Schaden: es muß dann zur Vermeidung einer Haftung durch die Behandlerseite bewiesen werden, daß der Schaden nicht auf mangelnde Erfahrung des Operateurs beruht.

Aufgrund der Entwicklungen in der Rechtsprechung zum Facharztstandard wurde für den Bereich der ambulanten Operationen ausdrücklich in Ziffer 3.2.1 der Richtlinie der Bundesärztekammer zur Qualitätssicherung ambulanter Operationen vom 13.4.1994 sowie in § 3 der Vereinbarung von Qualitätssicherungsmaßnahmen beim ambulanten Operieren gemäß § 14 des Vertrages nach § 115 b Abs. 1 SGB V[206] aufgenommen, daß insbesondere auch ambulante Operationen und Anästhesien nach dem Facharztstandard zu erbringen seien; danach sind ambulante Operationen und Anästhesien von einem Facharzt, unter dessen Assistenz oder unter dessen unmittelbarer Aufsicht und Weisung mit der Möglichkeit des unverzüglichen Eingreifens durchzuführen.

---

[203] BGH NJW 1992, 1560.
[204] Steffen/Dressler, a.a.O., Rz. 248 ff. mwN.
[205] BGH NJW 1992, 1560; ausführlich: Steffen MedR 1995, 360 ff.
[206] DÄBl. 1994, S. A-2124 ff.

b) Übertragung auf den Zahnarzt

Fraglich ist, ob die dargestellte Rechtsprechung zum Facharztstandard auch auf Zahnärzte übertragbar ist. Hierzu ist, nach einem Überblick über die zahnärztliche Aus- und Weiterbildung, zu untersuchen, inwieweit der Status eines „Fachzahnarztes“ im zahnärztlichen Berufsrecht vorgesehen ist.

aa) Ausbildung zum Zahnarzt

Die Ausbildung zum Zahnarzt beschränkt sich auf ein Hochschulstudium von mindestens zehn Semestern, das sich gemäß § 2 ApprobOZÄ[207] in einen vorklinischen und einen klinischen Teil von jeweils mindestens fünf Semestern aufgliedert. Somit beinhaltet die Ausbildung eine wissenschaftliche und eine praktische Ausbildung.[208]

Nach dem Bestehen der Abschlußprüfung gemäß § 35 Abs. 1 ApprobOZÄ wird gemäß § 2 Abs. 1 ZHG[209] auf Antrag die Approbation als Zahnarzt von der zuständigen staatlichen Behörde erteilt. Die Aufnahme der zahnärztlichen Tätigkeit unter der Bezeichnung „Zahnarzt“ bzw. „Zahnärztin“ ist erst mit der Approbation zum Zahnarzt gemäß § 1 Abs. 1 ZHKG erlaubt; es ist daher keine weitere Ausbildungszeit, vergleichbar der Tätigkeit als Arzt im Praktikum, erforderlich, um selbstständig im Bereich der Zahnheilkunde tätig zu werden. Ohne Approbation ist die Ausübung der Zahnheilkunde gemäß § 18 Nr. 1 ZHG unter Strafe gestellt.

Für die Zulassung zur vertragszahnärztlichen Versorgung ist darüber hinaus gemäß § 95 Abs. 2 SGB V, §§ 2 Abs. 2 und 3 Zulassungsverordnung für Vertragszahnärzte (ZÄ-ZV)[210] das Absolvieren einer zweijährigen Vorbereitungszeit als Assistenzzahnarzt erforderlich.

---

[207] Approbationsordnung für Ärzte v. 28.10.1970 (BGBl. 1458), letztmalig geändert mit der 7. Verordnung zur Änderung der Approbationsordnung vom 21.12.1989 (BGBl. 2549).

[208] Siehe detailliert zu den zahnärztlichen Prüfungen: Rieger, Zahnärztliche Prüfungen (5680), in: Rieger, Lexikon des Arztrechts.

[209] Gesetz über die Ausübung der Zahnheilkunde – ZHG – vom 31.3.1952 (BGBl. 1952, 221) i. d. F. vom 16.4.1987 (BGBl. 1987, 1225), zuletzt geändert durch Art. 13 des Gesetzes vom 27.4.2002 (BGBl. I, 1464).

[210] Vom 28.5.1957 (BGBl. 1957, 582 (608), zuletzt geändert durch Art. 16 GKV-GesundheitsreformG 2000 v. 22.12.2000, BGBl. 1999, 2626.

bb) Weiterbildung für Zahnärzte

(1) Allgemein

Nach der Approbation besteht für den approbierten Zahnarzt die Möglichkeit, sich freiwillig weiterzubilden, um seine allgemeinen zahnärztlichen Kenntnisse und Fertigkeiten in einem bestimmten Gebiet der Zahnheilkunde zu vertiefen.

Die Bundeszahnärztekammer hat mit Beschluß des Vorstandes vom 30.5.1996 sowie mit Beschluß vom 27.3.1998 eine Muster-Weiterbildungsordnung, an die sich die Weiterbildungsordnungen der einzelnen Landeszahnärztekammern anlehnen, verabschiedet. Danach sind bis zu drei verschiedene Gebietsbezeichnungen bei Zahnärzten vorgesehen, und zwar für die Gebiete Kieferorthopädie, Oralchirurgie sowie Öffentliches Gesundheitswesen.[211]

In nahezu[212] allen Landeszahnärztekammern ist für den Bereich der operativen Zahnheilkunde die Weiterbildung auf dem Gebiet der Oralchirurgie vorgesehen; die Weiterbildungsdauer beträgt je nach Kammerbezirk regelmäßig drei Jahre, wobei überwiegend vor Beginn der Weiterbildung ein allgemein-zahnärztliches Jahr absolviert werden muß[213]. Inhalt der Weiterbildung zum Zahnarzt für Oralchirurgie sind theoretische und praktische Kenntnisse und Fertigkeiten im Bereich der zahnärztlichen Chirurgie einschließlich der Behandlung von Luxationen und Frakturen im Bereich des Gesichtsschädels einschließlich der entsprechenden Diagnostik. Nach Anerkennung der Gebietsbezeichnung durch die jeweilige Landeszahnärztekammer ist der Zahnarzt berechtigt, die Bezeichnung „Zahnarzt/Zahnärztin für Oralchirurgie“[214], „Zahnarzt/Zahnärztin Oralchirur-

---

211 Als einzige Landeszahnärztekammer ist die ZÄK Westfalen-Lippe dahingehend von der Musterweiterbildungsordnung abgewichen, als dass dort zusätzlich die Weiterbildung zum Fachzahnarzt für Parodontologie möglich ist.

212 Das Weiterbildungsgebiet „Oralchirurgie“ ist nur in den Bereichen der Landeszahnärztekammern Niedersachsen sowie Sachsen-Anhalt nicht vorgesehen.

213 § 14 Abs. 1 WBO Brandenburg; § 2 Abs. 3 WBO Mecklenburg-Vorpommern; § 2 Abs. 3 WBO Bremen; § 3 iVm 20 Abs. 1 WBO Sachsen; § 2 Abs. 3 iVm 16 Abs. 1 WBO Rheinland-Pfalz; § 2 Abs. 2 iVm 20 Abs. 1 WBO Baden-Württemberg; § 3 Abs. 1 WBO Thüringen; § 14 Abs. 1 WBO Saarland; § 11 Abs. 4 WBO Nordrhein; § 21 Abs. 1 WBO Hessen; § 2 Abs. 4 WBO Schleswig-Holstein; § 2 Abs. 2 WBO Westfalen-Lippe; § 2 Abs. 2 WBO Baden-Württemberg; § 12 Abs. 5 WBO Hamburg; § 2 Abs. 5 WBO Bayern.

214 § 14 Abs. 1 WBO Rheinland-Pfalz; § 18 Abs. 1 WBO Rheinland-Pfalz; § 17 Abs. 1 Satz 1 WBO Mecklenburg-Vorpommern; § 19 Abs. 1 WBO Hessen; § 16 Abs. 1 WBO Thüringen; § 18 Abs. 1 WBO Baden-Württemberg.

gie“[215], „Fachzahnarzt/Fachzahnärztin für Oralchirurgie“[216] oder „Oralchirurg / Oralchirurgin“[217] zu führen.

Der Oralchirurg ist von dem Mund-Kiefer-Gesichtschirurgen zu unterscheiden: Hierbei handelt es sich um die Facharztbezeichnung eines approbierten Arztes, der gleichzeitig approbierter Zahnarzt ist und eine fachärztliche Weiterbildung absolviert hat.

Die Weiterbildungsbereiche der Kieferorthopädie sowie des Öffentlichen Gesundheitswesens sind vergleichbar in den jeweiligen Weiterbildungsordnungen der Zahnärztekammern geregelt. Für die hier gestellte Frage, ob sich die Rechtsprechung zum Facharztstandard auf den zahnärztlichen Bereich erstreckt, wird sich nachstehend, schon wegen der erhöhten Gefährlichkeit chirurgischer Eingriffe, beispielhaft auf den Weiterbildungsbereich der Oralchirurgie beschränkt.

(2) Exkurs: Weiterbildung in der DDR

Die Weiterbildung zum Fachzahnarzt war in der DDR grundlegend anders geregelt als in der Bundesrepublik Deutschland. Nach § 1 der Anordnung (Nr. 1) über die Weiterbildung der Ärzte und Zahnärzte - Facharzt- / Fachzahnarztordnung[218] - war jeder approbierte Zahnarzt zur Weiterbildung zum Fachzahnarzt verpflichtet:

> „Das Recht und die Pflicht für alle Ärzte und Zahnärzte zur Weiterbildung zum Facharzt bzw. Fachzahnarzt ist eine wichtige Errungenschaft des sozialistischen Gesundheitswesens. Alle Ärzte und Zahnärzte nehmen nach Erteilung der ärztlichen bzw. zahnärztlichen Approbation die Weiterbildung zum Facharzt bzw. Fachzahnarzt gemäß den Bestimmungen dieser Anordnung auf.“[219]

---

[215] § 15 Abs. 1 WBO Bremen; § 11 Abs. 1 WBO Nordrhein; § 18 Abs. 1 WBO Rheinland-Pfalz; § 19 Abs. 1 WBO Hessen; § 16 Abs. 1 WBO Thüringen; § 12 Abs. 1 WBO Saarland; § 18 Abs. 1 WBO Baden-Württemberg; § 12 Abs. 1 WBO Hamburg; § 23 Abs. 1 WBO Bayern.

[216] § 12 Abs. 1 WBO Brandenburg; § 19 Abs. 1 WBO Sachsen; § 19 WBO Schleswig-Holstein; § 11 Abs. 1 WBO Westfalen-Lippe; § 17 Abs. 1 WBO Mecklenburg-Vorpommern.

[217] § 17 Abs. 1 WBO Mecklenburg-Vorpommern.

[218] Vom 11.8.1978 (GBl. I Nr. 25 S. 286) i.d.F. der Anordnung Nr. 2 vom 15.4.1986 zur Facharzt-/Fachzahnarztordnung (VuM Nr. 4 S. 52) und Anweisung Nr. 2 vom 3.3.1988 (VuM Nr. 3 S. 51).

[219] § 1 Facharzt-/Fachzahnarztordnung.

Der Grund für die obligatorische Weiterbildung in einer „Fachrichtung“[220] war, daß mit der Approbation in der DDR zwar die staatliche Erlaubnis zur Ausübung der zahnärztlichen Tätigkeit erteilt wurde. Allerdings durfte der approbierte Zahnarzt nur unter der Anleitung eines Fachzahnarztes, also nicht selbständig tätig werden. Daraus resultiert, daß der Fachzahnarzt nach erfolgreichem Abschluß seiner Weiterbildung grundsätzlich nur in der Fachrichtung, in der er sich weitergebildet hatte, selbständig tätig werden durfte. Allerdings war nicht ausgeschlossen, daß der Fachzahnarzt eines Fachgebietes auch zahnärztliche Tätigkeiten eines anderen Fachgebietes selbständig ausüben durfte, jedoch mit der Einschränkung, daß er – nach eigener Einschätzung – hierzu die erforderlichen Kenntnisse und Fähigkeiten besaß. Denn nach § 2 Absatz 2 der Facharzt-/Fachzahnarztordnung beschränkte sich die Weiterbildung in einer Fachrichtung nicht auf die Inhalte dieser Fachrichtung. Vielmehr sollte das im Rahmen des Studiums erworbene allgemeinzahnärztliche Wissen und Können während der Weiterbildung vertieft werden:

> „Ärzte und Zahnärzte erwerben umfassende Kenntnisse, Fähigkeiten und Fertigkeiten in Theorie und Praxis entsprechend dem Bildungsprogramm der Fachrichtung. Sie eignen sich ausgewählte Kenntnisse anderer Fachrichtungen an und erweitern ihr allgemeines ärztliches Wissen und Können, um insbesondere in Notfällen und bei der medizinischen Sicherstellung der Landesverteidigung sachkundig zu handeln. Sie vertiefen ihre marxistisch-leninistischen Kenntnisse.“[221]

Für den Bereich der Zahnheilkunde gab es nach § 3 Abs. 2 der Facharzt-/Fachzahnarztordnung die Fachrichtungen Allgemeine Stomatologie, Kieferchirurgie, Kieferorthopädie und Kinderstomatologie.

Die Weiterbildung schloß nach § 4 Abs. 1 der Facharzt-/Fachzahnarztordnung unmittelbar an das Studium der Zahnheilkunde (Stomatologie) an und dauerte, je „nach dem Stand der erworbenen Kenntnisse, Fähigkeiten und Fertigkeiten“, gemäß § 8 Abs. 1 der Facharzt-/Fachzahnarztordnung zwischen vier und sechs Jahre. Nach erfolgreichem Abschluß der Weiterbildung war der Zahnarzt berechtigt, sich als „Fachzahnarzt für Kieferchirurgie“ bzw. für eines der anderen Gebiete zu bezeichnen.

Der Vorteil dieser Weiterbildungsordnung war, daß kein Zahnarzt unmittelbar nach der universitären Ausbildung selbständig, d.h. ohne fachzahnärztlichen Aufsicht, einen Patienten behandeln durfte. Vielmehr war eine Weiterbildung im

---

[220] Entspricht der Bezeichnung „Gebiet“.
[221] § 2 Abs. 2 Facharzt-/Fachzahnarztordnung.

praktischen Bereich für die Dauer von vier bis sechs Jahren obligatorisch, bevor ein Zahnarzt selbständig behandeln durfte. Mit der Weiterbildung sammelte der Zahnarzt nicht nur Kenntnisse und Fertigkeiten in dem speziellen Gebiet, in dem er sich weiterbildete, sondern erhielt darüber hinaus eine insgesamt praxisrelevantere Weiterbildung im gesamten Bereich der Zahnheilkunde, als es die universitäre Ausbildung gewährleisten konnte. Somit genoß die umfassende theoretische Ausbildung sowie die anschließende mindestens ebenso umfassende und entsprechend zeitintensive Weiterbildung zu Gunsten der Gewährleistung einer möglichst fehlerfreien Behandlung in der DDR den Vorzug gegenüber der frühzeitigen Niederlassungsmöglichkeit (zumindest außerhalb des vertragszahnärztlichen Versorgungssystems) unmittelbar nach Abschluß des Studiums in der marktwirtschaftlichen Bundesrepublik Deutschland. In Ermangelung entsprechender (veröffentlichter) Statistiken über Behandlungsvorfälle in der DDR kann bedauerlicherweise nicht verifiziert werden, ob sich tatsächlich dieser sicherlich zu Recht beabsichtigte Schutz der Bevölkerung vor nicht ausreichend qualifizierten Behandlungen in einer niedrigeren Anzahl von Fehlbehandlungen in Ost gegenüber West niedergeschlagen hat.

Mit der Einigung Deutschlands wurde die Weiterbildungsordnung der DDR an die entsprechenden Regelungen der einzelnen Zahnärztekammern der Bundesrepublik Deutschland angeglichen. In die Kammer- bzw. Heilberufegesetze der einzelnen Länder wurden Regelungen aufgenommen, wonach Fachzahnarztbezeichnungen, die in dem Beitrittsgebiet, d.h. DDR einschließlich Ost-Berlin, erworben worden waren, grundsätzlich in den jeweiligen alten Bundesländern weitergeführt werden dürfen. Voraussetzung ist allerdings, daß die im Beitrittsgebiet absolvierte Weiterbildung in dem einzelnen Gebiet vergleichbar ist mit der jeweiligen Weiterbildung des Landes und daß es dort eine entsprechende Fachzahnarztbezeichnung gibt[222].

cc) Übertragung des Facharztstandards auf den Tätigkeitsbereich des Zahnarztes

Somit ergibt sich aus den Weiterbildungsordnungen, daß auch für Zahnärzte die Weiterbildung in Teilgebieten, deren Anzahl freilich geringer ist als in der Humanmedizin[223], vorgesehen ist. Fraglich ist, ob die Rechtsprechung, die sich

---

[222] So beispielsweise Art. 36 Abs. 2 des Bayerischen Kammergesetzes, § 40 des Heilberufegesetzes Nordrhein-Westfalen.

[223] Derzeit gibt es nach der Musterweiterbildungsordnung für Ärzte 41 Gebiete; demgegenüber sieht die Musterweiterbildungsordnung für Zahnärzte, wie dargestellt, drei Gebiete vor.

im ärztlichen Haftungsrecht zum Facharztstandard entwickelt hat, unmittelbar für das zahnärztliche Haftungsrecht übernommen werden kann.

In Ermangelung einer diesbezüglichen Rechtsprechung muß hierzu das Weiterbildungsrecht der Zahnärzte sowie die bisherige den Problemaufriß berührende Rechtsprechung betrachtet werden. Danach kommen, wie nachstehend dargelegt werden wird, auch für den sich einer zahnärztlichen Behandlung unterziehenden Patienten Beweiserleichterungen in Betracht, wenn bei seiner Behandlung nicht der Facharztstandard eingehalten worden ist. Denn die Fachgebiete in der Zahnmedizin sind weniger voneinander abgegrenzt als die Fachgebiete in der Humanmedizin, so daß die Haftungsproblematik nicht nur die sich in Weiterbildung befindlichen Ärzte, sondern den gesamten Berufsstand der Zahnärzte, d.h. nicht nur die sich bereits weiterbildenden Zahnärzte, betrifft.

Zunächst ist zu beachten, daß bei den Zahnärzten, anders als bei den Fachärzten, die bei Anerkennung einer Facharztbezeichnung grundsätzlich nur noch in diesem Gebiet tätig sein dürfen[224], eine Beschränkung auf den Tätigkeitsbereich eines Gebietes nicht vorgesehen ist. Dies ergibt sich aus den vom Vorstand der Bundeszahnärztekammer beschlossenen Grundsätzen zur Ausübung der Zahnheilkunde und der Weiterbildung, die als Anhang Bestandteil der Muster-Weiterbildungsordnung Zahnärzte geworden sind. Danach sollen einerseits jedem approbierten, aber nicht weitergebildeten Zahnarzt die innerhalb der Zahnheilkunde durch die Weiterbildungsordnung ausgewiesenen Teilgebiete offen stehen. Andererseits soll der in einem Teilgebiet weitergebildete Zahnarzt grundsätzlich nicht auf dieses Teilgebiet beschränkt werden[225].

Somit stellt die Zahnheilkunde einen einheitlichen, unteilbaren Tätigkeitsbereich dar, so daß die nach der Weiterbildungsordnung anerkannte Spezialisierungen der zahnärztlichen Chirurgie und Kieferorthopädie zwar Teilgebiete innerhalb der Zahnheilkunde darstellen, zu denen jedoch berufsrechtlich auch der nicht-weitergebildete Zahnarzt den Zugang behält. Der nicht-weitergebildete Zahnarzt darf daher grundsätzlich dieselben Behandlungen durchführen wie ein Fachzahnarzt für Oralchirurgie[226] oder ein Fachzahnarzt für Kieferorthopädie[227].

Offensichtlich wurden die fachlichen Bereiche der Oralchirurgie sowie Kieferorthopädie von den berufsständischen Vertretungen der Zahnärzte für derartig umfassend innerhalb der Zahnheilkunde angesehen, daß sie der vertiefenden Weiterbildung zugänglich sein sollten. Gleichzeitig sollen jedoch

[224] Vgl. § 22 MWBO-Ärzte.
[225] Hierzu auch Krone ZM 1998, 32.
[226] Bzw. Oralchirurg oder Zahnarzt für Oralchirurgie.
[227] Bzw. Kieferchirurg oder Zahnarzt für Kieferorthopädie.

auch nicht-weitergebildete Zahnärzte zu diesen Bereichen innerhalb der Zahnheilkunde Zugang behalten. Die nach der Weiterbildungsordnung der Zahnärzte vorgesehenen Fachgebiete sind daher nicht mit derselben Exklusivität versehen wie die Gebiete der ärztlichen Weiterbildung.

Fraglich ist, ob davon ausgegangen werden muß, daß mit diesem Nebeneinander der Spezialisierung einerseits und der Einheitlichkeit des Tätigkeitsbereiches andererseits unterschiedliche Qualitätsanforderungen an die behandelnden Zahnärzte gestellt werden sollen. Allerdings würde nach meiner Ansicht das Ansetzen eines unterschiedlichen Haftungsmaßstabes für identische oder vergleichbare Behandlungsmaßnahmen der zahnärztlichen Qualitätssicherung widersprechen. Vielmehr muß der Patient erwarten dürfen, daß auch der nicht-weitergebildete Zahnarzt die konkrete Behandlung in derselben Qualität und unter Einhaltung desselben Sorgfaltsmaßstabes ausführt, wie ein fachlich weitergebildeter Zahnarzt.

Darf daher ein Patient bei einer ärztlichen Behandlung den Facharztstandard erwarten, sobald er eine Fachklinik oder eine Facharztpraxis aufsucht, so muß er entsprechend, wegen der Einheitlichkeit des zahnärztlichen Tätigkeitsbereiches, bei Aufsuchen jeder zahnärztlichen Praxis den Standard eines fachlich weitergebildeten Zahnarztes, d.h. eines Oralchirurgen oder Kieferorthopäden, erwarten dürfen. Insofern kann wohl davon ausgegangen werden, daß die Rechtsprechung die bisher allein für den ärztlichen Bereich aufgestellten Grundsätze des Facharztstandards auch auf die zahnärztliche, insbesondere auf die zahnärztlich-operative Behandlung übertragen würde. Dies bedeutet, daß zwar nicht jeder zahnärztlich-chirurgische Eingriff von einem zum Oralchirurgen weitergebildeten Zahnarzt vorgenommen werden muß. Ebensowenig muß gewährleistet sein, daß stets ein Fachzahnarzt als zumindest aufsichtsführender Zahnarzt neben dem behandelnden Zahnarzt anwesend ist. Allerdings hat der Patient einen Anspruch darauf, daß der entsprechende Eingriff durch einen nicht-weitergebildeten Zahnarzt unter Einhaltung des Standards, wie ihn ein erfahrener Fachzahnarzt anwenden würde, durchgeführt wird.

Solange daher der nicht-weitergebildete Zahnarzt den fachzahnärztlichen Standard beherrscht, darf er den zahnärztlich-chirurgischen Eingriff bzw. die kieferorthopädische Behandlung selbstständig, d.h. ohne Aufsicht, durchführen. Beherrscht er jedoch den fachzahnärzlichen Standard nicht, so haftet er ggfs. entsprechend der Rechtsprechung zum Facharztstandard aus einem Übernahmeverschulden, wenn er den chirurgischen Eingriff nicht “unter verantwortlicher Leitung hierzu berechtigter Zahnärzte"[228] durchführt bzw. den Patienten an einen Fachzahnarzt für Oralchirurgie überweist. Gegebenenfalls treten wegen mangelnder Qualifikation des nicht-fachzahnärztlichen Behandlers oder wegen des Umstandes, daß dieser nicht durch einen weitergebildeten Fachzahnarzt beaufsichtigt worden ist, zu Gunsten des Patienten Beweiserleichterungen bis hin zu einer Beweislastumkehr ein: es muß dann zur Vermeidung einer Haftung durch die Behandlerseite bewiesen werden, daß der Schaden nicht auf mangelnde Erfahrung des behandelnden, nicht-weitergebildeten Zahnarztes beruht. Im Ergebnis ist daher festzustellen, daß die verschärfte Rechtsprechung zum Facharztstandard auf den Bereich der Zahnmedizin zu übertragen ist.

4. Standardbeschränkungen in der zahnärztlichen Behandlung durch das Wirtschaftlichkeitsgebot?

Unter Berücksichtigung der freiwillig gesetzlich Versicherten sowie der über die Familienversicherung kostenfrei Mitversicherten sind rund 90 % der Bevölkerung gesetzlich krankenversichert. Die gesetzliche Krankenversicherung als Solidargemeinschaft hat nach § 1 S. 1 SGB V[229], dem Fünften Buch des Sozialgesetzbuches, die Aufgabe, „die Gesundheit der Versicherten zu erhalten, wiederherzustellen oder ihren Gesundheitszustand zu verbessern". Allerdings ist die von den Krankenkassen gewährte Anerkennung zahnärztlicher Leistungen nur zögerlich und auf Grund entsprechender Entscheidungen des ehemaligen Reichsversicherungsamts[230] sowie des Bundessozialgerichts[231] erfolgt.[232]

---

[228] § 4 MWBO-ZÄe.

[229] Vom 20.12.1988 (BGBl. I S. 2477), letztmalig geändert durch Gesetz vom 19.12.2001 (BGBl. I S. 3773).

[230] Erst eine Entscheidung des Reichsversicherungsamtes im Jahre 1917 bewirkte, daß die Krankenkassen Karies als behandlungsbedürftige Krankheit anerkannten, so daß das Füllen von Zähnen eine Pflichtleistung darstellte.

[231] So wurden Prothetikleistungen und kieferorthopädische Behandlungen (soweit zur Erreichung einer normalen Funktion des Kauens, Beißens oder Artikulierens erforderlich) erst auf Grundlage der BSG-Rechtsprechung als zahnärztliche Behandlung einer behandlungsbedürftigen Krankheit eingeordnet.

[232] Ein erfreulich detaillierter Überblick über die Geschichte und Entwicklung des Vertragsarztrechts sowie insbesondere des Vertragszahnarztrechts findet sich in: Muschallik/Ziermann, Zukunftsperspektiven der vertragszahnärztlichen Versorgung, 15 ff, 54 ff. mwN.

Die bisherige Durchsetzung von Reformen zur Kostendämpfung im vertragszahnärztlichen Gesundheitswesen[233], welche in immer kürzeren Abständen erfolgt sind, sowie insbesondere die aktuell beabsichtigten Änderungen durch das vermutlich zum 1.1.2004 in Kraft tretende Gesundheitsstrukturmodernisierungsgesetz, zwingen zu der Überlegung, ob die stetig enger werdenden Grenzen des Leistungskataloges der gesetzlichen Krankenversicherung den behandelnden Zahnarzt veranlassen müssen, unterschiedliche Kriterien hinsichtlich der Qualität der zahnärztlichen Behandlung gesetzlich Versicherter gegenüber privat versicherter Patienten anzusetzen.

So könnte Grund zu der Annahme bestehen, daß Behandlungsformen, welche nicht mehr vom vertragszahnärztlichen Versorgungsumfang, an dessen Grenzen der Vertragszahnarzt grundsätzlich gebunden ist, erfaßt sind oder noch nie erfaßt waren, nicht zu dem aus dem Dienstvertrag höherer Art geschuldeten Behandlungsumfang zählen, zu dem der Zahnarzt grundsätzlich aufgrund des sich fortlaufend entwickelnden Standards der medizinischen Wissenschaft und Technik zivilrechtlich verpflichtet ist.

Das Verhältnis der gesetzlichen sowie der durch die Rechtsprechung sich fortlaufend entwickelnden Haftpflichtregeln einerseits und dem gesetzlichen Wirtschaftlichkeitsgebot andererseits ist weitgehend ungeklärt.[234] In der Literatur[235] werden immer wieder Befürchtungen laut, daß sich angesichts der Rationierungsmaßnahmen im öffentlichen Gesundheitswesen zukünftig die Standarderwartungen des gesetzlich Versicherten auf eine Zuteilungsmedizin verringern müssen, was zu einer Diskrepanz zwischen Sozialrecht einerseits und Zivilrecht andererseits führen würde.

Unstreitig steht jedoch der behandelnde Arzt zunehmend vor der Frage, ob er auch bei gesetzlich versicherten Patienten all die medizinisch möglichen

---

[233] So zunächst das Gesetz zur Strukturreform im Gesundheitswesen (Gesundheitsreform-Gesetz – GRG) vom 20.12.1988 (BGBl. I S. 2477), das Gesetz zur Sicherung und Strukturverbesserung der gesetzlichen Krankenversicherung (Gesundheitsstrukturgesetz – GSG) vom 21.12.1992 (BGBl. I S. 2266), das 1. und 2. GKV-Neuordnungsgesetz vom 30.6.1997 (BGBl. I S. 1518, 1520), das Gesetz zur Stärkung der Solidarität in der gesetzlichen Krankenversicherung (GKV-Solidaritätsstärkungsgesetz – GKV-SolG) vom 19.12.1998 (BGBl. I S. 3853) und das GKV-Gesundheitsreformgesetz 2000 vom 22.12.1999 (BGBl. I S. 2626).

[234] Laufs in: Laufs/Uhlenbruck, a.a.O., § 99 Rn. 25. Diesem Thema widmete sich u.a. die Tagung an der Deutschen Richterakademie vom 5.6.-9.6.2001 in Trier – ein Bericht zur Tagung einschließlich der Darstellung der einzelnen Beiträge der Referenten findet sich bei: Sandbiller, MedR 2002, 19 ff.

[235] Ratajczak, AG RAe im Medizinrecht eV, 1997, 17 (27); Rinke/Balser, VersR 2001, 423 (425).

Maßnahmen, zumindest aber, soweit sie medizinisch indiziert sind, anwenden darf und soll, zu denen er nach dem durch die Rechtsprechung auf Basis des aktuellen medizinischen Standards entwickelten zivilrechtlichen Haftpflichtmaßstab gegenüber privat versicherten Patienten verpflichtet ist.[236] Er befindet sich somit in einer „Pflichtenschere" zwischen der haftungsrechtlichen Verpflichtung einerseits und einem sozialrechtlichen Verbot andererseits.[237] Bestimmt sich die Frage, ob eine ärztliche Maßnahme „notwendig" ist, danach, was medizinisch geboten ist und somit nach dem Bürgerlichen Recht verlangt wird, oder bestimmt es sich nach den begrenzten Mitteln und den damit einhergehenden Rationalisierungs- bzw. Rationierungsmaßnahmen des Sozialrechts?

Zur Klärung dieser Fragen soll das Augenmerk auf die bisher aus dem Bereich des Zahnarzthaftungsrechts zu dieser Problematik ergangenen zivilgerichtlichen Urteile gelegt werden:

Bereits im Jahr 1993 entschied das Schleswig-Holsteinische Oberlandesgericht[238], daß ein Zahnarzt, der vor der Versorgung einer gesetzlich versicherten Patientin mit Zahnersatz im Ober- und im Unterkiefer keinen Funktionsstatus erhebt und es im Nachgang der Versorgung zu erheblichen Beschwerden im Kieferbereich gekommen ist, jedenfalls dann schadensersatzpflichtig ist, wenn sachverständigenseits festgestellt worden ist, daß aufgrund der Anfangsbefunde die funktionelle Analyse vor der umfangreichen Zahnersatzbehandlung (u.a. 14-gliedrige Oberkieferbrücke) unabdingbar gewesen sei. Der Umstand, daß derartige funktionsanalytischen Leistungen nicht von der gesetzlichen Krankenversicherung bezahlt würden, könne den Zahnarzt nicht entlasten. Denn, so das OLG Schleswig, „die Ablehnung der Kostenübernahme durch die Krankenkasse bestimmt nicht den zahnmedizinisch erforderlichen Standard einer Zahnersatzbehandlung"[239]. Vielmehr hätte der Zahnarzt die prothetische Behandlung ablehnen oder die Patientin darüber informieren müssen, daß eine Funktionsanalyse und –therapie indiziert sei, sie aber die dafür entstehenden Kosten selbst tragen müsse.

Entsprechend hat auch das Landgericht Braunschweig[240] entschieden, daß ein Zahnarzt verpflichtet sei, den gesetzlich versicherten Patienten über die Notwendigkeit einer funktionsanalytisch-therapeutischen Behandlung vor der Versorgung mit Zahnersatz hinzuweisen. Dies gelte nach Auffassung des

[236] So auch Katzenmeier, Arzthaftung, § 5 II.2; Voß, Kostendruck und Ressourcenknappheit im Arzthaftungsrecht; Hart, MedR 1996, 60 ff.
[237] Hart, MedR 2002, 321 (324).
[238] Urteil vom 13.10.1993, 4 U 145/91.
[239] OLG Schleswig, a.a.O., 4.
[240] Urteil vom 2.5.2001, 2 S 916/00.

Gerichts jedenfalls dann, wenn „der besondere Zustand des Patienten über den Leistungskatalog der gesetzlichen Krankenkassen hinausgehende Maßnahmen als indiziert“ gebiete[241]. So könne der Patient nach einer entsprechenden Information selbst entscheiden, ob er die notwendige Behandlung trotz der für ihn entstehenden Kosten wünsche; im Fall der Ablehnung und somit der Begrenzung der Versorgung auf eine reine Kassenleistung hätte der Zahnarzt die Behandlung zur Versorgung mit Zahnersatz ablehnen müssen.

Ebenfalls im Jahr 2001 entschied das Landgericht Paderborn[242], daß ein Behandlungsfehler darin zu sehen sei, daß eine Zahnärztin bei einem zahnlosen Patienten, der unter einer fortgeschrittenen Alveolarfortsatz-Athrophie (Knochenabbau im Kieferkammbereich) litt, die Versorgung mit einer Totalprothese vorgenommen habe, statt eine implantologische Versorgung vorzunehmen. Denn nach dem eingeholten Sachverständigengutachten hatte das Gericht keine Zweifel daran, daß die Versorgung mit einer Totalprothese aufgrund des Krankheitsbildes des Patienten nutzlos und einzig eine Versorgung mit Implantaten indiziert gewesen sei. Daher hätte der Patient nicht nur über die Möglichkeit der Implantatversorgung, sondern darüber hinaus über die Nutzlosigkeit der Anfertigung von Totalprothesen aufgeklärt werden müssen. Dies gelte auch dann, wenn der Patient sich eine implantologische Versorgung nicht leisten könne, aber andere vom Leistungskatalog der gesetzlichen Krankenversicherung erfaßten Behandlungsalternativen nicht angeboten werden können.

Gegenstand der nachstehenden Überlegungen ist daher nicht der Fall, daß eine zahnärztliche Behandlung bereits dem medizinischen Standard entspricht, das Sozialrecht diesen wissenschaftlichen Standard allerdings noch nicht in Richtlinien umgesetzt hat. Denn derartige Lücken des Sozialrechts dürfen jedenfalls nicht zu Lasten des Patienten gehen.[243] Ebenso wenig soll im Rahmen dieser Arbeit erörtert werden, ob eine Behandlung wegen unzureichender Honorierung aufgrund von Budgetierung oder Vorgaben des Honorarverteilungsmaßstabes verweigert werden darf.[244] Vielmehr soll untersucht werden, inwieweit das Sozialrecht aus Rationalisierungs- oder gar Rationierungsgründen bestimmte Behandlungen, die dem wissenschaftlichen Standard entsprechen und somit

[241] LG Braunschweig, a.a.O., 4.

[242] Urteil vom 25.1.2001, 1 S 119/00.

[243] Hart, VSSR 2002, 265 (295).

[244] Verneinend: BSG v. 14.3.2001 – B 6 Ka 36/00 R; BSG v. 14.3.2001 – B 6 Ka 67/00 R; BSG SGb 2002, 105; LSG Rheinland-Pfalz v. 23.2.2000 – L 5 Ka 22/99; LSG Schleswig-Holstein v. 7.12.1999 – L 6 Ka 43/98; LSG Nordrhein-Westfalen v. 21.10.1998 – 11 B 35/98 KA; Krieger, MedR 1999, 519 ff. mwN.; einschränkend: Peikert/Kroel, SGb 2001, 662 ff.; insgesamt darstellend nach Vorliegen der BSG-Urteile: Francke/Schnitzler, SGb 2002, 84 ff.

grundsätzlich haftungsrechtlich geschuldet sind, nicht in den Leistungskatalog der gesetzlichen Krankenkasse aufgenommen hat bzw. inzwischen ausgeschlossen hat.

a) Umfang der vertragszahnärztlichen Versorgung

Der Umfang der vertragszahnärztlichen Versorgung sowie deren Grenzen richten sich nach dem Fünften Teil des Sozialgesetzbuches, dem SGB V. Der gesetzlich versicherte Patient, dessen Versicherungspflicht bzw. -berechtigung sich aus dem zweiten Kapitel des SGB V (§§ 5 bis 10) ergibt, hat einen Anspruch auf Kosten der gesetzlichen Krankenversicherung auf diejenigen Leistungen, die im Einzelnen in den §§ 11 – 66 SGB V geregelt sind.

Konkretisiert wird dieser gesetzliche Leistungskatalog durch die Richtlinien des nach § 91 SGB V zu bildenden Bundesausschusses der Zahnärzte und Krankenkassen, der nach § 92 Abs. 1 SGB V „die zur Sicherung der ärztlichen Versorgung erforderlichen Richtlinien über die Gewähr für eine ausreichende, zweckmäßige und wirtschaftliche Versorgung der Versicherten", gemäß Nr. 2 auch für die zahnärztliche Behandlung einschließlich der Versorgung mit Zahnersatz sowie kieferorthopädische Behandlung, zu beschließen hat. Gemäß § 92 Abs. 1a S.1, 2 SGB V hat der Bundesausschuß der Zahnärzte und Krankenkassen seine Entscheidungen an einer ursachengerechten, zahnsubstanzschonenden und präventionsorientierten zahnärztlichen Behandlung einschließlich der Versorgung mit Zahnersatz sowie kieferorthopädischer Behandlung auszurichten; darüber hinaus hat er die Richtlinien auf Grundlage externen und umfassenden zahnmedizinisch-wissenschaftlichem Sachverstand zu beschließen.

Derzeit gelten folgende gemäß § 92 SGB V beschlossene und verbindliche Richtlinien:

- **Richtlinien des Bundesausschusses der Zahnärzte und Krankenkassen für eine ausreichende, zweckmäßige und wirtschaftliche vertragszahnärztliche Versorgung**[245]
  Sie regeln im Einzelnen die konservierend-chirurgische Behandlung, die Behandlung von Parodontopathien und die Verordnung von Arzneimitteln.

[245] Vom 7.12.1962 (BAnz Nr. 116/1963), in Kraft seit 1.7.1963, in der ab 24.7.1998 geänderten und ab 22.9.1998 gültigen Fassung; siehe www.kzbv.de unter „Rechtsgrund".

- **Richtlinien des Bundesausschusses der Zahnärzte und Krankenkassen für die kieferorthopädische Behandlung**[246]

- **Richtlinien des Bundesausschusses der Zahnärzte und Krankenkassen über Maßnahmen zur Verhütung von Zahnerkrankungen (Individualprophylaxe)**[247]

- **Richtlinien des Bundesausschusses der Zahnärzte und Krankenkassen für eine ausreichende, zweckmäßige und wirtschaftliche vertragszahnärztliche Versorgung mit Zahnersatz und Zahnkronen**[248]

- **Richtlinien des Bundesausschusses der Zahnärzte und Krankenkassen über die Früherkennungsuntersuchungen auf Zahn-, Mund- und Kieferkrankheiten (zahnärztliche Früherkennung gemäß § 26 Abs. 1 S. 2 SGB V)**[249]

- **Richtlinien über die Einführung neuer Untersuchungs- und Behandlungsmethoden und die Überprüfung erbrachter vertragszahnärztlicher Leistungen (NUB-Richtlinien)**[250]

- **Richtlinien des Bundesausschusses der Zahnärzte und Krankenkassen über die Bedarfsplanung in der vertragszahnärztlichen Versorgung (Bedarfsplanungs-Richtlinien Zahnärzte)**[251]

Es gilt grundsätzlich das so genannte Sachleistungsprinzip[252] der gesetzlichen Krankenversicherung, wonach die Versicherten die Leistungen als Sach- und Dienstleistungen erhalten; nur in Ausnahmefällen ist anstelle der Sach- und Dienstleistung eine Kostenerstattung zulässig[253]. Die Leistungen beschränken sich nicht allein auf die (zahn)ärztliche Behandlung; vielmehr teilen sich die

---

246 Vom 25.8.1972 (BAnz. Nr. 167/1972), in Kraft seit 1.1.1972, in der am 17.8.2001 beschlossenen und ab 1.1.2002 gültigen Fassung.

247 Vom 12.3.1993 in der ab 1.7.1999 geltenden Fassung; siehe www.kzbv.de unter „Rechtsgrund".

248 Vom 25.10.1977 in der ab 24.3.2001 geltenden Fassung; siehe www.kzbv.de unter „Rechtsgrund".

249 Vom 26.3.1999 in der ab 1.7.1999 geltenden Fassung; siehe www.kzbv.de unter „Rechtsgrund".

250 In der Fassung vom 10.12.1999 in der ab 1.3.2000 geltenden Fassung; siehe www.kzbv.de unter „Rechtsgrund".

251 Vom 12.3.1993 in der am 21.9.1999 geänderten und ab 9.12.1999 gültigen Fassung; siehe www.kzbv.de unter „Rechtsgrund".

252 BSG SozR 3–1500 § 12 Nr.5; BSGE 69, 70.

253 Vgl. §§ 2 Abs. 2, 13 Abs. 1 SGB V.

Leistungen auf in Dienstleistungen, d. h. alle Formen persönlicher Betreuung und Hilfe, und Sachleistungen, d. h. das Zurverfügungstellen von Sachen, wobei hiervon Geld ausgeschlossen ist.

aa) Verhütung von Zahnerkrankungen

Bezogen auf die zahnärztliche Behandlung finden sich im Leistungskatalog des SGB V zunächst die Behandlungsmaßnahmen zur Verhütung von Zahnerkrankungen.

So ist in § 21 SGB V die so genannte Gruppenprophylaxe geregelt; danach werden die Krankenkassen im Zusammenwirken mit den Zahnärzten und den für die Zahngesundheitspflege in den einzelnen Bundesländern zuständigen Stellen verpflichtet, Maßnahmen zur Erkennung und Verhütung von Zahnerkrankungen der gesetzlich Versicherten, die das 12. Lebensjahr noch nicht vollendet haben, zu fördern und zwar vorrangig durch Bezuschussung der Kosten. Diese Maßnahmen beziehen sich insbesondere auf „die Untersuchung der Mundhöhle, Erhebung des Zahnstatus, Zahnschmelzhärtung, Ernährungsberatung und Mundhygiene“[254].

Bezogen auf Versicherte, die das sechste, aber noch nicht das 18. Lebensjahr vollendet haben, sind die Krankenkassen gemäß § 22 SGB V verpflichtet, Patienten aus diesem Versichertenkreis individualprophylaktisch zu behandeln. Hierzu zählt insbesondere die halbjährliche zahnärztliche Untersuchung, die sich „auf den Befund des Zahnfleisches, die Aufklärung über Krankheitsursachen und ihre Vermeidung, das Erstellen von diagnostischen Vergleichen zur Mundhygiene, zum Zustand des Zahnfleisches und zur Anfälligkeit gegenüber Karieserkrankungen, auf die Motivation und Einweisung bei der Mundpflege sowie auf Maßnahmen zur Schmelzhärtung der Zähne erstrecken“[255]. Darüber hinaus hat dieser Versichertenkreis gemäß § 22 Abs. 3 SGB V einen Anspruch auf Fissurenversiegelung der Molaren, d.h. der Backenzähne. Aus der Gesetzesbegründung zum GKV-Gesundheitsreformgesetz 2000[256] ergibt sich, daß die mit dem Zweiten GKV-Neuordnungsgesetz[257] eingeführten individualprophylaktischen Leistungen für Erwachsene aus dem Grunde mit dem GKV-Gesundheitsreformgesetz 2000 gestrichen wurden, als daß sie „als unspezifische, nicht zielgerichtete Maßnahmen ineffektiv und ineffizient“ seien.

---

[254] Vgl. § 21 Abs. 1 S. 3.
[255] Vgl. § 22 Abs. 2.
[256] Vom 22.12.1999 (BGBl. I S. 2626).
[257] Vom 23.6.1997 (BGBl. I S. 1520).

bb) Krankenbehandlung

Die Leistungen zur Krankenbehandlung, soweit es den Bereich des Zahnarztes betrifft, finden sich in den §§ 27 bis 30 SGB V. Nach § 27 Abs. 1 Nr. 2 SGB V umfaßt die Krankenbehandlung im zahnärztlichen Bereich die zahnärztliche Behandlung einschließlich der Versorgung mit Zahnersatz, wobei sich der Anspruch der Versicherten auf eine Krankenbehandlung beschränkt, soweit sie „notwendig ist, um eine Krankheit zu erkennen, zu heilen, ihre Verschlimmerung zu verhüten oder Krankheitsbeschwerden zu lindern".

Konkretisiert wird der Umfang der zahnärztlichen Behandlung in § 28 Abs. 2 SGB V, wonach die zahnärztliche Behandlung „die Tätigkeit des Zahnarztes, die zur Verhütung, Früherkennung und Behandlung von Zahn-, Mund- und Kieferkrankheiten[258] nach den Regeln der zahnärztlichen Kunst ausreichend und zweckmäßig ist", umfaßt. Die für den Umfang der zahnärztlichen Behandlung maßgeblichen Kriterien sind in diesem Satz die Worte „ausreichend" und „zweckmäßig". Gemeinsam mit dem in § 27 Abs. 1 S. 1 SGB V enthaltenen Kriterium „notwendig" wird hier das in § 12 SGB V enthaltene Wirtschaftlichkeitsgebot aufgegriffen: Danach müssen die Leistungen der gesetzlichen Krankenversicherungen „ausreichend, zweckmäßig und wirtschaftlich sein; sie dürfen das Maß des Notwendigen nicht überschreiten. Leistungen, die nicht notwendig oder unwirtschaftlich sind, können Versicherte nicht beanspruchen, dürfen die Leistungserbringer nicht bewirken und die Krankenkassen nicht bewilligen"[259].

Somit fällt unter die vertragszahnärztlich gewährte Krankenbehandlung insbesondere die konservierend-chirurgische Zahnbehandlung. Davon werden zunächst die zahnärztlichen Tätigkeiten umfaßt, die auf die Erhaltung von Zähnen gerichtet sind, so insbesondere das Ausbohren kariöser Stellen und das Füllen so genannter Kavitäten, d. h. unmedizinisch ausgedrückt „Zahnlöchern". Auch das Füllen von Zahnwurzeln zählt hierzu. Darüber hinaus zählen zur konservierend-chirurgischen Zahnbehandlung das Extrahieren von Zähnen sowie chirurgische Eingriffe zum Zwecke der Entfernung von Zähnen oder Wurzeln. Auch die Behandlung chronischer Erkrankungen des Zahnbettes mit der Folge von Zahnlockerungen und Zahnverlust, so genannte Parodontose-Behandlung, wird vom vertragszahnärztlichen Versorgungsumfang erfaßt.

[258] Nach der in § 1 Abs. 3 S. 2 ZHKG enthaltenen Legaldefinition zählt hierzu jede von der Norm abweichende Erscheinung im Bereich der Zähne, des Mundes und der Kiefer, einschließlich Anomalien der Zahnstellung und des Fehlens von Zähnen.

[259] § 12 Abs. 1 SGB V.

Das Wirtschaftlichkeitsgebot wird in Bezug auf einzelne Leistungen aus dem Spektrum der zahnärztlichen Krankenbehandlung in den §§ 28 Abs. 2, 29, 30 SGB V konkretisiert:

- **Füllungen**
  Bei Zahnfüllungen hat der gesetzlich versicherte Patient einen Anspruch auf eine ausreichende und zweckmäßige Versorgung; wählt der Versicherte eine darüber hinausgehende Versorgungsart, so kann er mit dem Zahnarzt gemäß § 28 Abs. 2 S. 2-5 SGB V auf Grundlage einer schriftlichen Vereinbarung eine so genannte Mehrkostenregelung treffen. Die Krankenkassen rechnen bei derartigen Versorgungen die vergleichbare preisgünstige plastische Füllung als Sachleistung ab, so daß der Versicherte nur die Mehrkosten zu tragen hat. Voraussetzung hierfür ist allerdings, daß keine intakten plastischen Füllungen ausgetauscht werden.

- **Kieferorthopädie**
  In § 28 Abs. 2 S. 6, 7 SGB V ist geregelt, daß die kieferorthopädische Behandlung von Versicherten grundsätzlich nur dann zur vertragszahnärztlichen Behandlung zählt, soweit die Versicherten zu Beginn der Behandlung das 18. Lebensjahr noch nicht vollendet haben; bei älteren Versicherten fällt die kieferorthopädische Behandlung nur dann in den Leistungskatalog, wenn die Versicherten Kieferanomalien aufweisen, die ein derartiges Ausmaß haben, daß neben einer kieferorthopädischen Behandlung auch kieferchirurgische Behandlungsmaßnahmen erforderlich sind. In § 29 SGB V findet sich neben dem Umfang der Kostenerstattung bzw. Sachleistung durch die Krankenkassen die Definition der anspruchsbegründenden Indikation für eine kieferorthopädische Behandlung, wonach eine Kiefer- oder Zahnfehlstellung vorliegen muß, welche das „Kauen, Beißen, Sprechen oder Atmen erheblich beeinträchtigt oder zu beeinträchtigen droht“[260].

- **Funktionsanalytische und funktionstherapeutische Maßnahmen**
  Funktionsanalytische Maßnahmen sind Untersuchungen zur Ursachenerkennung bestehender Funktionsbeschwerden im sog. stomatognathen[261] System, d.h. im Zusammenspiel zwischen den Zähnen und dem Ober- bzw. Unterkiefer in Verbindung mit den Kiefergelenken, der Kaumuskulatur und der Unterkieferbeweglichkeit. Nach der umfangreichen Analyse funktioneller Störungen sind entsprechende funktionstherapeutische Maßnahmen zu ergreifen, die die konkreten Ursachen und Symptome der Dysfunktionen beseitigen können.[262]

---

[260] Vgl. § 29 Abs. 1 SGB V.
[261] Stoma (gr.) = Mund, Mündung, Gesicht; gnathogen (gr.) = vom Kiefer ausgehend.
[262] Die in den Leistungspositionen K1 bis K9 des Bema-Teils 2 (Primärkassen) bzw. des Gebührentarifes B (Ersatzkassen) enthaltenen Leistungen (z.B. Schienentherapie) sind keine

Diese Maßnahmen, auf die im Einzelnen noch einzugehen sein wird, zählen nach § 28 Abs. 2 S. 8 SGB V nicht zur vertragszahnärztlichen Behandlung und dürfen von den Krankenkassen weder bezahlt noch bezuschußt werden.

- Implantologische Leistungen

Implantologische Leistungen fallen, ebenso wie die funktionsanalytischen und funktionstherapeutischen Maßnahmen, nicht unter den Begriff der „zahnärztlichen Behandlung" nach § 28 SGB V; ebenso wenig dürfen sie gemäß § 28 Abs. 2 S. 9 SGB V von den Krankenkassen bezuschußt werden. Lediglich in seltenen, vom Bundesausschuß der Zahnärzte und Krankenkassen festzulegenden Ausnahmeindikationen für besonders schwere Fälle erbringt die Krankenkasse die implantologischen Leistungen einschließlich der Suprakonstruktion als Sachleistung, wobei der Versicherte auch in diesen Fällen Mehrkosten zu tragen hat, wenn die gewählte Versorgung nicht mehr als ausreichend und zweckmäßig im Sinne des Vertragszahnarztes anzusehen ist.

Darüber hinaus besteht seit dem GKV-Gesundheitsreformgesetz 2000[263] gemäß § 30 Abs. 1 S. 5 SGB V in Einzelfällen, nämlich bei Einzelzahnlücken, z. B. im Fall von kariesfreien Nachbarzähnen, und im jugendlichen Gebiß sowie beim atrophierten, zahnlosen Kiefer, ein Anspruch des gesetzlich Versicherten auch bei Implantatbehandlung auf eine anteilige Kostentragung durch die Krankenkasse für die Suprakonstruktion, d.h. den implantatgestützten Zahnersatz. Die vertragszahnärztlich zu erbringende zahnprothetische Leistung und somit die von den Krankenkassen zu erstattende Leistung besteht in diesen genannten Fällen in der Krone beim Einzelzahnersatz bzw. in der Totalprothese beim zahnlosen Kiefer; die dazugehörigen Vorleistungen wie die Implantate selbst, die Implantataufbauten und die implantatbedingten Verbindungselemente zählen jedoch nicht zum vertragszahnärztlich zu leistenden Behandlungsumfang und sind daher nicht durch die Krankenkassen zu zahlen.

- Zahnersatz

In § 30 SGB V finden sich die Regelungen zum vertragszahnärztlichen Umfang bei der Versorgung mit Zahnersatz. Abhängig von den eigenen

---

funktionstherapeutischen Maßnahmen im eigentlichen Sinne, da sie mangels Analyse nicht von der Ursache her behandeln, sondern die Vorgehensweise eher versuchsweise und somit „empirisch" erfolgt.

[263] Bis zum 31.12.1999, d.h. bis zum Inkrafttreten des GKV-Gesundheitsreformgesetz 2000, stellte auch die Versorgung einer Einzelzahnlücke mit implantatgestütztem Zahnersatz keine Leistung der gesetzlichen Krankenversicherung dar; dies verstieß nach der Rechtsprechung des Bundessozialgerichts nicht gegen Verfassungsrecht, vgl. BSG MedR 2002, 599.

Bemühungen des Versicherten zur Gesunderhaltung seiner Zähne staffelt sich gemäß § 30 Abs. 2 SGB V der vom Versicherten zu zahlende Kostenanteil an der Versorgung mit Zahnersatz zwischen 35 % und 50 % der Gesamtkosten.

Grundsätzlich umfaßt der vertragszahnärztliche Behandlungsumfang bei der Versorgung mit Zahnersatz gemäß § 30 Abs. 1 SGB V eine medizinisch notwendige Versorgung mit Zahnersatz und zwar bezogen auf die zahnärztliche Behandlung und die zahntechnischen Leistungen, wobei vom Begriff des Zahnersatzes auch Zahnkronen erfaßt werden. Festeingegliederter Zahnersatz, d.h. Brücken, zählen dann zum vertragszahnärztlichen Versorgungsumfang, wenn sie auf den Ersatz von bis zu vier fehlenden Zähnen je Kiefer und auf den Ersatz bis zu drei fehlenden Zähnen je Seitenzahngebiet begrenzt sind. Wird ein gesetzlich Versicherter mit einer Kombination aus festsitzendem und herausnehmbaren Zahnersatz versorgt, so beschränkt sich die vertragszahnärztliche Versorgung grundsätzlich auf zwei Verbindungselemente je Kiefer; verfügt der Versicherte jedoch nur noch über einen Restzahnbestand von höchstens drei Zähnen je Kiefer, so ist der vertragszahnärztliche Versorgungsumfang auf drei Verbindungselemente je Kiefer begrenzt.

Gemäß § 30 Abs. 3 SGB V zahlen die Krankenkassen auch dann die Kosten einer Versorgung mit Zahnersatz in dem Umfang, wie sie vertragszahnärztlich nach § 30 Abs. 1 SGB V gewährt wird, wenn der Versicherte einen darüber hinausgehenden Zahnersatz wählt. Die daraus resultierenden Mehrkosten hat der gesetzlich Versicherte selbst zu tragen.

b) Rechtsprechung zum zivilrechtlichen Standard bei außervertraglichen Behandlungsmöglichkeiten

Auf Grundlage der oben unter III.1. enthaltenen Ausführungen zum zivilrechtlichen Sorgfaltsmaßstab und Haftungsstandard kam es zu der bereits dargelegten Entscheidung des Schleswig-Holsteinischen Oberlandesgerichtes[264]: In dem konkreten Fall lag bei der Patientin nach Ausführungen des Sachverständigen eine „ausgesprochen schwierige Ausgangslage“ vor, da „für den Beklagten aufgrund der Ausgangsbefunde Anfang 1988 ersichtlich (gewesen sei), daß die Klägerin hypermotorisch war und offenbar mit den Zähnen knirschte“[265]. Da der Zahnarzt dennoch die aufzubauende Bißhöhe lediglich geschätzt hatte, statt einen Funktionsstatus zu erheben und die verspannte Muskulatur der Patientin

[264] Siehe oben Kapitel I.
[265] OLG Schleswig, a.a.O., 4.

vor Eingliederung der 14-gliedrigen Oberkieferbrücke zu therapieren, habe der Behandler einen groben Behandlungsfehler begangen. So führt das Gericht aus:

> „Der Sachverständige (...) hat unter Auswertung der zahnmedizinischen Fachliteratur und auf der Grundlage eigener gnathologischer Erfahrungen angegeben, es habe schon seit 1971 die Lehrmeinung vorgeherrscht, daß vor Beginn einer Zahnersatzbehandlung ein Funktionsstatus zu erheben sei. Der Senat ist demnach davon überzeugt, daß jedem gnathologisch tätigen Zahnarzt im Jahre 1988 hätte bekannt sein müssen, daß eine funktionelle Analyse vor Beginn einer Zahnersatzbehandlung unabdingbar ist.“[266]

Auch das bereits angesprochene Urteil des Landgericht Braunschweig[267] sah einen Behandlungsfehler des Zahnarztes darin, daß dieser

> „die ihm obliegende Pflicht zur Vornahme fachgerechter Arbeiten durch Unterlassen der Durchführung ausreichender funktionsanalytischer Maßnahmen vor Beginn der zahnprothetischen Behandlung verletzt (hatte), deren Vornahme aufgrund der Bißlage beziehungsweise Kiefergelenksproblematik des Klägers indiziert war“[268].

Auf den Einwand des Zahnarztes, die von ihm im Rahmen einer vertragszahnärztlichen Behandlung vorgenommenen Maßnahmen, so die Extraktion eines Weisheitszahnes, Entfernung von Amalgamfüllungen und Austausch mit Zementfüllungen und Vornahme einer Scharnierachsenfeststellung, seien einer Funktionsanalyse, die nicht von dem Leistungskatalog der vertragszahnärztlichen Versorgung erfaßt sei, gleichzusetzen, führte das Gericht aus, die tatsächlich vorgenommenen Maßnahmen hätten zur Vorbereitung der nachfolgenden zahnprothetischen Behandlung nicht ausgereicht. Vielmehr „hätte die Änderung der Bißlage und somit der Okklusion vor der definitiven Versorgung am 13.10.1997 dennoch mittels einer Schienenbehandlung in therapeutischer Bißlage herbeigeführt werden müssen“[269].

Das Landgericht Paderborn[270] sah ebenfalls eine schuldhafte Verletzung der Pflichten aus dem Behandlungsvertrag darin, daß die Zahnärztin eine Behandlungsmaßnahme durchgeführt hatte, nämlich die Versorgung mit einer Totalprothese, die medizinisch nicht indiziert gewesen sei:

---

[266] OLG Schleswig, a.a.O., 4.
[267] Siehe oben Kapitel I.
[268] LG Braunschweig, a.a.O., 2/3.
[269] LG Braunschweig, a.a.O., 3.
[270] Siehe oben Kapitel I; LG Paderborn, a.a.O.

„Nach dem Ergebnis des von der Kammer eingeholten ergänzenden Sachverständigengutachtens bestehen keine Zweifel daran, daß bereits zum Zeitpunkt der Prothesenneuanfertigung auf Grund des atrophierten Kiefers eine Implantatversorgung die absolute Indikation war.“[271]

c) Einschränkung des zivilrechtlichen Standards durch sozialrechtlichen Leistungskatalog?

Fraglich ist, ob der vorstehend geschilderte haftungsrechtliche Standard tatsächlich in demselben Maße auch für gesetzlich versicherte Patienten verlangt werden kann.

aa) Standard und Wirtschaftlichkeitsgebot nach dem SGB V

Im Sozialgesetzbuch finden sich in verschiedenen Regelungen Hinweise auf den im Rahmen der vertragszahnärztlichen Versorgung geforderten Standard der Behandlung.

- Nach § 2 Abs. 1 S. 3 SGB V haben die Qualität und Wirksamkeit der Leistungen „dem allgemein anerkannten Stand der medizinischen Erkenntnisse zu entsprechen und den medizinischen Fortschritt zu berücksichtigen“.

- Gemäß § 2 Abs. 4 SGB V müssen Krankenkassen, Leistungserbringer und Versicherte darauf achten, „daß die Leistungen wirksam und wirtschaftlich erbracht und nur im notwendigen Umfang in Anspruch genommen werden“.

- In § 12 Abs. 1 SGB V ist das sog. Wirtschaftlichkeitsgebot geregelt, wonach die Leistungen „ausreichend, zweckmäßig und wirtschaftlich sein (müssen); sie dürfen das Maß des Notwendigen nicht überschreiten“.

- Konkret auf die zahnärztliche Behandlung bezogen findet sich in § 28 Abs. 2 S. 1 SGB V eine Regelung, wonach die zahnärztliche Behandlung nach den Regeln der zahnärztlichen Kunst auszurichten ist und nach diesen Regeln „ausreichend und zweckmäßig“ sein muß.

- Gemäß § 70 Abs. 1 S. 1 SGB V haben die Krankenkassen und Leistungserbringer eine „bedarfsgerechte und gleichmäßige, dem allgemein anerkannten Stand der medizinischen Erkenntnisse entsprechende Versorgung der

[271] LG Paderborn, a.a.O., 3.

Versicherten zu gewährleisten". Dabei muß die Versorgung wiederum „ausreichend und zweckmäßig sein, darf das Maß des Notwendigen nicht überschreiten und muß in der fachlich gebotenen Qualität sowie wirtschaftlich erbracht werden".

- Weiter bestimmt § 72 Abs. 2 SGB V, daß die vertragsärztliche Versorgung durch gesetzliche Vorschriften und Richtlinien so zu regeln sei, daß „eine ausreichende, zweckmäßige und wirtschaftliche Versorgung der Versicherten unter Berücksichtigung des allgemein anerkannten Standes der medizinischen Erkenntnisse gewährleistet ist".

- Schließlich findet sich in § 76 Abs. 4 SGB V die Regelung, daß sich der Vertragszahnarzt mit Übernahme der Behandlung „zur Sorgfalt nach den Vorschriften des bürgerlichen Vertragsrechts" verpflichtet.

Insbesondere aufgrund der in § 76 Abs. 4 SGB V enthaltenen Regelung, wonach der Vertragszahnarzt auch bei der Behandlung von Kassenpatienten zur Einhaltung des Sorgfaltsmaßstabes nach den zivilrechtlichen Vorschriften verpflichtet wird, erübrigt sich zumindest an dieser Stelle der dogmatische Streit darüber[272], ob zwischen Vertragszahnarzt und Kassenpatient ein bürgerlichrechtliches Vertragsverhältnis besteht („Vertragskonzeption")[273] oder ob die Behandlung kraft öffentlich-rechtlicher Verpflichtung geschuldet ist („Versorgungskonzeption"), wonach anstelle des zivilrechtlichen Arztvertrages ein gesetzliches Schuldverhältnis tritt, das auf den §§ 76 Abs. 4, 95 Abs. 2 und 4 SGB V basiert[274]. Diese Auffassung wird damit begründet, daß der Patient einerseits als Mitglied einer gesetzlichen Krankenkasse einen Anspruch auf den Leistungskatalog der gesetzlichen Krankenversicherung (§ 12 I SGB V) hat. Der Vertragszahnarzt andererseits hat als Zwangsmitglied der zuständigen Kassenzahnärztlichen Vereinigung einen Anspruch auf Vergütung seiner Behandlungsleistung gegen die Kassenzahnärztliche Vereinigung, wobei dieser Vergütungsanspruch begrenzt ist durch die Gesamt- und Bundesverträge zwischen den Krankenkassen und Kassenzahnärztlichen Vereinigungen auf Länder- und Bundesebene.

---

272 So auch Kasseler Kommentar-Hess, § 76 SGB V Rn. 24.

273 So jedenfalls die überwiegende Auffassung in der zivilrechtlichen Rechtsprechung und Literatur: BGHZ 76, 259 (261); 97, 273 (276); 100, 363 (367); Laufs, Arztrecht, Rn. 40, 87, 88, 102; Geiß/Greiner, a.a.O., Rn. 9; Soergel/Kraft, a.a.O., Vorbem. vor § 611, Rn. 105; MünchKomm-Müller-Glöge, a.a.O., § 611 Rn. 49; Staudinger/Richardi, a.a.O., Vorbem zu §§ 611 ff., Rn. 1252.

274 BSG BSGE 44, 41 (43); 53, 62 (63); 66, 284 (285); 73, 271 (273); Natter, Der Arztvertrag mit dem sozialversicherten Patienten, 22 ff.; Krause, SGb 1982, 425 (430); Klückmann in: Hauck, SGB V, K § 76 Rz. 23 ff.

Es soll im Rahmen dieser Arbeit lediglich darauf hingewiesen werden, daß die überwiegend von Sozialrechtlern vertretene Auffassung der Versorgungskonzeption schon aus dem Grunde abzulehnen ist, als sie im Bereich des zahnärztlich-prothetischen Behandlungsverhältnisses ohnehin scheitert: hier besteht regelmäßig keine alleinige Kostenerstattungspflicht, mit der die Versorgungskonzeption dogmatisch begründet wird, auf Seiten der Krankenkasse über die Kassenzahnärztliche Vereinigung gegenüber dem Zahnarzt. Vielmehr ist in diesem Bereich regelmäßig ein Eigenanteil durch den Patienten zu zahlen, so daß zumindest, soweit der Eigenanteil geschuldet wird, ein zivilrechtlicher Behandlungsvertrag vorliegt. Ein und dieselbe Behandlung kann von dem Zahnarzt jedoch nicht einerseits auf Grundlage eines zivilrechtlichen Behandlungsvertrages und andererseits auf Grundlage einer öffentlich-rechtlichen Verpflichtung geschuldet sein. Vielmehr ist entsprechend der Vertragskonzeption allein der Sinn und Zweck des Behandlungsverhältnisses und nicht der Weg der finanziellen Abwicklung maßgebend, so daß nach meiner Auffassung der zivilrechtlichen Vertragskonzeption zumindest im zahnärztlichen Bereich der Vorzug zu geben ist.

Aus dem Zusammenspiel der vorgenannten sozialgesetzlichen Vorgaben läßt sich herleiten, daß auch im Rahmen der vertragszahnärztlichen Behandlung der zivilrechtliche Sorgfaltsmaßstab einzuhalten ist, wonach eine dem allgemein anerkannten Standard der medizinischen Wissenschaft entsprechende Behandlung durchzuführen ist. Begrenzt wird dieser Sorgfaltsmaßstab jedoch durch das sozialrechtliche Wirtschaftlichkeitsgebot. Danach muß eine Behandlungsleistung ausreichend, zweckmäßig und wirtschaftlich sein und darf das Maß des Notwendigen nicht überschreiten.

Ausreichend ist eine Behandlung dann, wenn sie nach den Regeln der medizinischen Wissenschaft Erfolgschancen für das Erreichen des Behandlungszieles hat; es wird somit ein Mindeststandard in der Behandlungsqualität garantiert.[275]

Zweckmäßig ist eine (zahn-)ärztliche Maßnahme dann, wenn sie nach einer prognostischen ärztlichen Einschätzung auf Grundlage des allgemein anerkannten Standes der medizinischen Erkenntnisse ein Zusammenhang zwischen dem Leistungsinhalt und dem Leistungsziel besteht.[276] Die Maßnahmen müssen in der medizinischen Praxis allgemein anerkannt sein und sich bei dem vorliegenden Krankheitsbild bewährt haben.[277] Zweckmäßig ist eine Versorgung also nur dann, wenn hinreichend wirksame Mittel eingesetzt werden, die nicht nur generell, sondern auch auf den konkreten Einzelfall bezogen in der Schulmedi-

[275] Schnapp/Wigge, Handbuch des Vertragsarztrechts, § 10 Rn. 52; BSGE 55, 158.
[276] BSGE 76, 194 = SozR 3-2500 § 27 Nr. 5; BSGE 84, 90; BSGE 81, 54.
[277] Schnapp/Wigge, § 10 Rn. 53.

zin als zweckmäßig anerkannt worden sind oder sich in der Praxis durchgesetzt haben.[278] In den gemäß § 92 Abs. 1 SGB V aufzustellenden Richtlinien der Bundesausschüsse der Ärzte und Krankenkassen werden zweckmäßige Behandlungsmethoden, insbesondere in Bezug auf neue Untersuchungs- und Behandlungsmethoden, konkretisiert. Mit diesen Richtlinien können die Bundesausschüsse für Ärzte bzw. Zahnärzte und Krankenkassen nicht unerheblich auf den Behandlungsstandard, zumindest als sozialgesetzlich-faktischer Standard, einwirken.[279]

Notwendig ist eine ärztliche Leistung oder Verordnung, wenn sie nach Art und Menge unentbehrlich, unvermeidlich und unverzichtbar ist. Die Notwendigkeit einer Maßnahme stellt daher die Obergrenze der vertragsärztlichen Versorgung dar. Wünscht ein Patient eine aufwendigere Versorgung, so hat er, sofern die Leistung teilbar ist und die Grundleistung als wesentlicher Teil dem Leistungskatalog der gesetzlichen Krankenversicherung angehört, die entstehenden Mehrkosten selbst zu tragen.[280]

Eine ausreichende, zweckmäßige und notwendige Versorgung muß darüber hinaus das Wirtschaftlichkeitsgebot erfüllen. Als „wirtschaftlich" im Sinne des Vertragsarztrechts ist eine ärztliche Maßnahme dann anzusehen, wenn der von der Leistung erwartete Erfolg, einschließlich dessen Art, Dauer und Nachhaltigkeit, in einem angemessenen Verhältnis zum finanziellen Aufwand steht.[281] Es müssen somit jeweils die Wirksamkeit, d.h. die Effektivität, und die Kostengünstigkeit, d.h. die Effizienz, zueinander ins Verhältnis gesetzt werden.[282] Bei mehreren gleichermaßen ausreichenden, zweckmäßigen und notwendigen Behandlungsmaßnahmen ist daher entscheidend, welche Maßnahme die kostengünstigere ist; in den Vergleich sind jedoch nicht die Maßnahmen mit einzubeziehen, die nicht im Leistungskatalog der vertragszahnärztlichen Versorgung enthalten sind.[283]

bb) Abwägung zum zivilrechtlichen Standard

Wie bereits dargestellt[284], umfaßt der Leistungskatalog der vertragszahnärztlichen Versorgung nicht sämtliche Behandlungsarten im Bereich der Zahnmedi-

[278] Schnapp/Wigge, § 10 Rn. 54.
[279] Steffen, FS für Geiß 2000, 487 (490); Geiß/Greiner, a.a.O., Rn. 9.
[280] BSG SozR 3-2500 § 30 Nr. 7; BSG SozR 3-5555 § 12 Nr. 5.
[281] BSG USK 7939.
[282] Hess in: Kasseler Kommentar § 106 Rn. 102.
[283] BSGE 55, 188; BSGE 76, 101; BSG SozR 3-2500 § 13 Nr. 9; Schnapp/Wigge § 10 Rn. 59.
[284] Siehe oben Kap. IV.4.a).

zin, die dem derzeitigen Standard der anerkannten zahnmedizinischen Wissenschaft und Technik entsprechen. So ist beispielsweise die Implantologie als Behandlungsform zur Versorgung mit Zahnersatz seit Jahren in der zahnmedizinischen Wissenschaft anerkannt; demgegenüber zählt eine Versorgung mit Implantaten gemäß § 28 Abs. 2 S. 9 SGB V grundsätzlich nicht zu den Leistungen, die einem gesetzlich Versicherten im Rahmen der vertragszahnärztlichen Versorgung gewährt werden.

Daneben gehören funktionsanalytische und funktionstherapeutische Maßnahmen, und zwar ausnahmslos und ohne Möglichkeit einer Bezuschussung durch die Krankenkasse und somit anders als implantologische Leistungen, nicht zu den Behandlungen, die einem gesetzlich Versicherten im Rahmen der vertragszahnärztlichen Versorgung gewährt werden, obwohl auch diese Leistungen in Bezug auf Analyse- und Therapieform und insbesondere hinsichtlich des Behandlungszwecks inzwischen in der zahnmedizinischen Wissenschaft unumstritten sind.

Möglicherweise besteht daher neben dem zivilrechtlichen Standard, der sich, wie dargelegt, nach dem medizinischen Standard richtet, ein „vertragszahnärztlicher Standard", der angesichts der gesetzlichen Einschränkungen des sozialgesetzlichen Leistungskataloges gemindert und, da durch Gesetze und Richtlinien vorgegeben, politisch definiert ist.

Kernfrage ist daher, welcher Sorgfaltsmaßstab anzuwenden ist, wenn eine Behandlungsmaßnahme zwar dem allgemein anerkannten Standard der medizinischen Wissenschaft entspricht und aufgrund einer vorliegenden Indikation und mangels Behandlungsalternativen ausreichend, zweckmäßig und notwendig ist, allerdings nicht im Leistungskatalog der vertragszahnärztlichen Versorgung enthalten ist, so daß die Durchführung zu Lasten der Krankenkassen unwirtschaftlich wäre.

Zu Recht wird gefordert, daß ein derartiges Auseinanderfallen tunlichst vermieden werden sollte und der Bundesausschuß darauf zu achten habe, daß die von ihm festzulegenden Richtlinien nicht den allgemein anerkannten Stand der medizinischen Wissenschaft unterschreiten.[285] Allerdings ist dieser Zustand, zumindest im Bereich der Zahnmedizin, wie schon vor Jahren prognostiziert[286], bereits erreicht.

---

[285] So Hess in: Kasseler Kommentar (1993), § 92 SGB V Rn. 2.
[286] Bergmann, Rechtsanwälte im Medizinrecht, Tagungsband 1997, 45 (51).

Nicht zwangsläufig fällt der Bereich der zahnärztlichen Implantatbehandlung in diese Kluft zwischen zivilrechtlichem Sorgfaltsmaßstab einerseits und Wirtschaftlichkeitsgebot andererseits. Zwar ist unstreitig die zahnärztliche Implantologie in der Zahnmedizin anerkannt und entspricht dem derzeitigen Standard der medizinischen Wissenschaft und Technik. Allerdings bedeutet, wie bereits dargelegt, auch der zivilrechtliche Sorgfaltsmaßstab nicht, daß der Patient mit der modernsten Behandlungsmethode versorgt werden muß. Stehen gleichwertige oder zumindest nicht risikoreichere Methoden zur Auswahl, die gleichermaßen „ausreichend, zweckmäßig und notwendig" sind, so ist eine Abwägung nach der kostengünstigeren Methode zulässig.

Ist die Versorgung mit Zahnersatz aufgrund defekter oder fehlender Zähne erforderlich, so handelt es sich zwar bei der Versorgung mit Kronen, Brücken oder Prothesen um die herkömmlichen Methoden gegenüber der relativ neuen Methode der Implantatversorgung. Allerdings handelt es sich gleichermaßen um eine ausreichende, zweckmäßige und notwendige Versorgung. Zwar mag die Versorgung, gerade bei herausnehmbaren Zahnersatz, weniger bequem sein als eine Versorgung mit festsitzenden Implantaten; ebenso ist zu berücksichtigen, daß im Falle von Brücken regelmäßig auch gesunde Zähne in ihrer Substanz massiv beeinträchtig werden, indem sie zur Verwendung als Pfeilerzähne überkront werden. Allerdings erlaubt das Wirtschaftlichkeitsgebot die Beschränkung auf die weniger aufwendige Alternative, so daß der Versicherte Einschränkungen in Bezug auf Bequemlichkeiten, Erleichterungen, Beschleunigung, kosmetische Kaschierung, soweit sie dem Patienten auch vom Standpunkt einer aktuellen modernen Medizin zugemutet werden können, hinnehmen muß.[287]

Darüber hinaus ist ferner in die Erwägungen mit einzubeziehen, daß es sich bei der Implantatversorgung, insbesondere bei der Operation zum Einsetzen der künstlichen Zahnwurzeln, um einen erheblichen Eingriff in die körperliche Unversehrtheit des Patienten handelt.

Insofern stellt die Versorgung mit Kronen, Brücken und Prothesen eine durchaus dem zahnmedizinischen Standard und somit eine dem zahnärztlichen Sorgfaltsmaßstab entsprechende Behandlung dar. Dies gilt insbesondere seit Aufnahme der Ausnahmeregelung in § 30 Abs. 1 S. 5 SGB V bei Einzelzahnlücken[288], bei jugendlichem Gebiß und bei atrophiertem, zahnlosem Kiefer, wonach in diesen Fällen die Suprakonstruktion vom vertragszahnärztlichen Versorgungsumfang erfaßt wird.

---

[287] Steffen/Dressler, a.a.O., Rn. 136.
[288] Jedenfalls bei kariesfreien Nachbarzähnen.

Entsprechendes ist wohl auch für hochwertige Füllungsleistungen anzunehmen, die überwiegend nicht von dem Leistungskatalog der vertragszahnärztlichen Versorgung erfaßt werden. Nach B. II. 4. der Richtlinien des Bundesausschusses der Zahnärzte und Krankenkassen für eine ausreichende, zweckmäßige und wirtschaftliche vertragszahnärztliche Versorgung sollen „die üblichen und erprobten plastischen Füllungsmaterialien verwendet werden. Bei Molaren und Prämolaren[289] ist in der Regel Amalgam als Füllungsmaterial angezeigt". In der medizinischen Wissenschaft ist es, zumindest im Hinblick auf Dichte und Haltbarkeit, unumstritten, daß es sich bei Amalgam um einen seit über 100 Jahren bewährten Füllstoff handelt.[290] Soweit dennoch Keramik und Gold der Vorzug zu geben ist, so handelt es sich allein um ästhetische Gründe. Allerdings sind nach A. 3. der Richtlinien des Bundesausschusses der Zahnärzte und Krankenkassen für eine ausreichende, zweckmäßige und wirtschaftliche vertragszahnärztliche Versorgung Maßnahmen, die lediglich kosmetischen Zwecken dienen, nicht vom Wirtschaftlichkeitsgebot erfaßt. Im Ergebnis ist also auch nach zivilrechtlichen Maßstäben die zahnärztliche Sorgfalt gewahrt, wenn eine Füllungsleistung mit Amalgam vorgenommen wird.[291]

Anders ist die Sachlage jedoch bei den funktionsanalytischen und funktionstherapeutischen Leistungen, da hier keine Alternativen, die im vertragszahnärztlichen Leistungskatalog enthalten sind, bestehen. Wie sich bereits aus den genannten Urteilen des Schleswig-Holsteinischen Oberlandesgerichts und des Landgerichts Braunschweig ergibt, zählt die Funktionsanalyse sowie die Funktionstherapie zu den wissenschaftlich anerkannten Behandlungsmethoden und ist, zumindest bei schwieriger Ausgangslage, vor der Versorgung mit Zahnersatz indiziert. Sobald eine Therapie jedoch medizinisch indiziert ist, ist sie zwangsläufig gleichzeitig ausreichend, zweckmäßig und notwendig. Dennoch ist die Funktionsanalyse und Funktionstherapie ausdrücklich vom Leistungskatalog der vertragszahnärztlichen Versorgung ausgeschlossen, so daß deren Erbringung im Rahmen einer vertragszahnärztlichen Behandlung unwirtschaftlich wäre.

Während im Bereich der Versorgung mit Zahnersatz und Füllungen im sozialgesetzlichen Leistungskatalog Behandlungsalternativen vorliegen, die gegenüber den außergesetzlichen Leistungen zwar ein Minus hinsichtlich Ästhetik, Qualität und Bequemlichkeit für den Patienten darstellen, jedoch dem medizinischen Standard und somit den haftungsrechtlichen Anforderungen entsprechen, existieren weder im Leistungskatalog noch außergesetzlich Alternativbehand-

---

289 Molar = „Backen- bzw. Mahlzahn".

290 Siehe hierzu Kapitel III.2.a)aa).

291 So auch OLG Hamm vom 25.5.1994, AHRS 2693/100, wonach das Tragen von Amalgamfüllungen nach derzeitigem Erkenntnisstand im Regelfall keinen Verdacht auf ein medizinisch nicht vertretbares Risiko begründet; siehe hierzu Kapitel IV.2.a).

lungen zu den funktionsanalytischen und –therapeutischen Maßnahmen. Insofern ist fraglich, wie diese Lücke zwischen zivilrechtlichem Sorgfaltsmaßstab und sozialrechtlichem Leistungskatalog geschlossen werden kann.

Grundsätzlich wird die Auffassung vertreten, es dürfe und könne keine Diskrepanz zwischen den sozialrechtlichen Vorgaben und dem zivilrechtlichen Sorgfaltsmaßstab auftreten, da sich der Bundesausschuß der Zahnärzte und Krankenkassen gemäß §§ 2 Abs. 1 S. 3, 70 Abs. 1 S. 1 SGB V nach dem allgemein anerkannten Stand der medizinischen Erkenntnisse und dem medizinischen Fortschritt zu orientieren habe. Dadurch müsse jede Maßnahme, die im vertragszahnärztlichen Leistungskatalog enthalten sei, gleichzeitig dem medizinischen Standard entsprechen. Ausreichende und zweckmäßige Leistungen, die dem anerkannten Stand der medizinischen Erkenntnisse entsprechen und den medizinischen Fortschrift berücksichtigen, könnten danach nicht unwirtschaftlich sein.[292] Denn die Kriterien des Ausreichenden, Zweckmäßigen, Notwendigen und Wirtschaftlichen einer Behandlung würden durch die Einbindung in die Behandlungsziele der Medizin gemäß § 27 Abs. 1 SGB V („notwendig“) die gleiche Richtung vorgeben, die in der Rechtsprechung zur Arzthaftung verfolgt würde.[293] Sofern also ein Arzt wirtschaftlich behandle, könne ihn keine zivilrechtliche Haftung treffen, da ein Konflikt zwischen Wirtschaftlichkeitsgebot und zivilrechtlichem Haftungsrecht nicht bestünde.[294] Insofern sei das Sozialrecht, und somit insbesondere die Bundesausschüsse in der Festsetzung der Richtlinien, gehalten, das Wirtschaftlichkeitsgebot „vorrangig an dem Bedarfsrahmen der Behandlungsziele der §§ 27 SGB V“ (d.h. nach den Regeln der zahnärztlichen „Kunst“) zu orientieren[295].

Dies trifft sicherlich auf den Bereich zu, in dem das Gebot der Wirtschaftlichkeit auf eine Rationalisierung der Leistungserbringung zielt, d.h. auf eine Verhinderung ineffektiven Einsatzes von Mitteln.[296]

---

[292] Philipp, Arzneimittellisten und Grundrechte, 1995, 1995, 55 ff.; Uhlenbruck, MedR 1995, 427 (435); Rinke/Balser, VersR 2001, 423 (427).

[293] Steffen, FS für Geiß 2000, 487 (494).

[294] Oldiges, ArGe Rechtsanwälte im Medizinrecht (Hrsg.), 1992, 49 (52).

[295] Steffens, Dokumentation des Symposiums der ECCLESIA Gruppe am 12./13.2.1998, 41 ff. (45).

[296] Rebscher, Rationalisierung und Rationierung im deutschen Gesundheitswesen, Stuttgart/New York 1998, S. 27; diese Auffassung vertritt auch Kern, GesR 2002, 6 ff. (9); daher beantwortet Uhlenbruck, MedR 1995, 427 (428) die Frage „Gesundheit um jeden Preis“ mit einem klaren „Ja“, solange es sich um die Wiederherstellung eines kurablen Zustandes handelt - anderenfalls, wenn es also lediglich um die Verwandlung eines pathologischen Zustandes durch kostspielige Behandlungen in einen anderen pathologischen Zustand geht, verneint er die Frage.

Bezweckt jedoch das Wirtschaftlichkeitsgebot, wie es in Bezug auf den gesetzlichen Ausschluß der funktionsanalytischen und –therapeutischen Leistungen der Fall ist, eine Rationierung von Leistungen, d.h. das knappheitsbedingte Vorenthalten von Gesundheitsleistungen, deren Erbringung aus medizinischer Sicht notwendig und somit indiziert ist[297], so können die haftungsrechtlichen Anforderungen und die sozialrechtlichen Anforderungen nicht mehr kongruent sein.[298]

In dieser Situation steht der vertragszahnärztlich zugelassene Zahnarzt in einer Pflichtenkollision[299] zwischen seiner zivilrechtlichen Sorgfaltspflicht aus dem Behandlungsvertrag einerseits und seiner sozialrechtlichen Pflicht andererseits, allein innerhalb des vertragszahnärztlichen Gebühren-Regelwerks bei gesetzlich versicherten Patienten tätig zu werden.

Von sozialrechtlicher Seite wird vorwiegend die Auffassung vertreten, die Einheit der Rechtsordnung erfordere, daß der Sorgfaltsstandard im Zivilrecht nicht im Widerspruch zur sozialrechtlich vorgesehenen Versorgung stünde; im Rahmen eines Haftpflichtprozesses dürfe daher auch nicht eine ärztliche Maßnahme erwartet bzw. dem Behandler zugemutet werden, die das Sozialrecht dem Patienten als nicht notwendig, übermäßig oder unwirtschaftlich versagen würde.[300] Denn die Leistungspflicht eines Behandlers aus haftungsrechtlicher Sicht könne nicht weiter gehen, als die gesetzliche Leistungspflicht des Sozialleistungsrechts.[301] Vielmehr würden die sozialrechtlichen Richtlinien auf das Haftungsrecht durchgreifen.[302]

Es ist jedoch fraglich, ob dieser Auffassung tatsächlich zugestimmt werden kann. Denn nach der bisher zu diesem Themenkomplex ergangenen zivilrechtlichen Rechtsprechung muß davon ausgegangen werden, daß sich eine Behandlung auch dann zum Standard ausbilden kann, wenn sie nach den Richtlinien nicht oder nur eingeschränkt abgerechnet werden darf. Es sind danach zwar wirtschaftliche Möglichkeiten zu berücksichtigen, sie können jedoch den hohen Rang von Leben, Körper und Gesundheit eines Patienten nicht verringern.[303] Insofern darf der ärztliche Standard wegen der haftungsrechtlichen Maßstäbe

---

297 Fuchs, Rationalisierung und Rationierung im deutschen Gesundheitswesen, 42 (43).

298 Zur Frage der verfassungsrechtlichen Grenzen der Rationierung im Gesundheitswesen: Nettesheim, Verwaltungs-Archiv 2002, 315 (323).

299 Schimmelpfeng-Schütte spricht sogar von einer „ausweglosen Pflichtenkollision", MedR 2002, 286 (291).

300 Quaas, KH 1997, 542 ff. (545); Goetze, Arzthaftungsrecht und kassenärztliches Wirtschaftlichkeitsgebot, 1989, 200.

301 Steffen, MedR 1995, 190 (190); Franzki, Arzt und Krankenhaus, 1995, 225 (228).

302 Bericht über 28. Richterwoche des BSG, NJW 1997, 787.

303 Deutsch, VersR 1997, 261 ff. (264).

des Rechtsgüterschutzes nicht aus allgemeinen Wirtschaftlichkeitserwägungen gesenkt werden.[304] Daher hat der Bundesgerichtshof auch nur ausnahmsweise bei der Bestimmung der Behandlungspflichten ökonomische Überlegungen berücksichtigt.[305]

Im Umkehrschluß zu der Auffassung, daß das Vorenthalten von Behandlungsmaßnahmen, die das Vertragszahnarztrecht als nicht notwendig honoriert, auch die ärztliche Sorgfaltspflicht nicht verletze, sofern nicht der besondere Zustand des Patienten derartige Maßnahmen als indiziert gebietet[306], muß also davon ausgegangen werden, daß bei Vorliegen einer Indikation zur Durchführung funktionsanalytischer und funktionstherapeutischer Leistungen eine Beschränkung der Behandlung auf den sozialgesetzlichen Leistungskatalog die ärztliche Sorgfaltspflicht verletzt.

d) Information des Patienten über außerhalb des Leistungskataloges der GKV bestehende Behandlungsmöglichkeiten

Beschränkt daher der Vertragszahnarzt seine Behandlung gegenüber gesetzlich Versicherten auf die Diagnose- und Therapiemaßnahmen, die im Leistungskatalog des Sozialgesetzbuches (noch) enthalten sind, so verstößt er nach den voranstehenden Ausführungen gegen den zahnmedizinischen Standard und verletzt somit seine zahnärztliche Sorgfaltspflicht, wenn er die Vornahme einer indizierten, aber außergesetzlichen ärztlichen Maßnahme unterläßt.

Andererseits kann jedoch vom Vertragszahnarzt nicht verlangt werden, daß er sämtliche indizierte und dem Standard der zahnmedizinischen Wissenschaft entsprechende, aber außerhalb des sozialgesetzlichen Leistungskataloges liegende Behandlungsmaßnahmen kostenlos bei gesetzlich versicherten Patienten durchführt, um so einen Verstoß gegen seine zahnärztliche Sorgfaltspflicht gemäß § 276 BGB zu vermeiden.

Ebenso wenig kann von dem Vertragszahnarzt verlangt werden, daß er die außervertragliche Methode seiner Wahl als vertragszahnärztliche Leistung, ggfs. mit einer vergleichbaren Gebühr aus dem BEMA, abrechnet. Denn dadurch würde er nicht nur den Verlust seines Honorars, sondern insbesondere seine vertragszahnärztliche Zulassung sowie die Einleitung und Durchführung von Disziplinar- und Strafverfahren riskieren.

---

[304] Hart, MedR 1996, 60 ff. (71).
[305] BGH NJW 1984, 1810 zur Computertomographie.
[306] So Steffen/Dressler, a.a.O., Rn. 136.

Ein Ausweg findet sich über die Information des gesetzlich versicherten Patienten über die bestehende Indikation einerseits und die nicht bestehende Kostenübernahme der indizierten zahnärztlichen Maßnahme durch die gesetzliche Krankenversicherung andererseits. Dabei ist fraglich und von der Rechtsprechung bisher nicht geklärt, ob es sich bei dieser „Information" um eine als Nebenpflicht aus dem Behandlungsvertrag resultierende Beratungspflicht oder um eine aus dem Recht des Patienten auf Selbstbestimmung resultierende Aufklärungspflicht handelt. Bei ersterer obliege dem Patienten die Beweispflicht für die Nichtvornahme einer solchen Information; bei letzterer trüge der Behandler die Beweislast für die tatsächliche Durchführung der Aufklärung.

Soweit es die alleinige Information über die Kosten der Behandlung betrifft, kann auf Grundlage der Rechtsprechung und Literatur zunehmend davon ausgegangen werden, daß den Arzt keine Aufklärungspflicht des Patienten i.S. einer Selbstbestimmungsaufklärung trifft. Vielmehr trifft den Arzt eine nebenvertragliche Hinweis- und Beratungspflicht, die umso strenger ist, je mehr sich dem Arzt aufdrängen muß, daß der Patient über die Höhe der ihm zu berechnenden Kosten irrt bzw. fehlerhaft davon ausgeht und ausgehen darf, daß ihm die Kosten der Behandlung vollumfänglich von seiner Krankenkasse bezahlt bzw. von seiner privaten Krankenversicherung erstattet wird.[307]

Anders ist jedoch der Sachverhalt gestaltet, wenn die Information darauf gerichtet ist, daß sich der gesetzlich versicherte Patient, wenn er sich einer außerhalb des sozialgesetzlichen Leistungskataloges gelagerten ärztlichen Behandlung unterziehen will, nicht nur mit den Kosten belastet, sondern darüber hinaus auch medizinisch besser versorgt werden würde. Aufgrund des letzteren Aspektes, der die körperliche Integrität und somit das Selbstbestimmungsrecht des Patienten betrifft, ordnet die überwiegende Literatur die Informationspflicht, die das Kompensieren von Kürzungen im Leistungsspektrum bezweckt, dem Bereich der Selbstbestimmungsaufklärung mit der daraus resultierenden Beweislast auf Seiten des Behandlers zu.[308] So sei der Vertragsarzt bis zur Klärung der Rechtslage durch das Bundessozialgericht bzw. den Gesetzgeber verpflichtet, Patienten in relevanten Fällen über den Stand der medizinischen Wissenschaft und die eingeschränkten Möglichkeiten der Erstattungsfähigkeit zu Lasten der gesetzlichen Krankenversicherung aufzuklären.[309]

---

[307] Siehe hierzu ausführlich: Kapitel VIII.

[308] Hart, MedR 1996, 60 (69); Francke, Ärztliche Berufsfreiheit und Patientenrechte, 1994, 192 f.; Laufs, Arztrecht, Rn. 197; Giesen, Arzthaftungsrecht, 184 ff.

[309] Wartensleben, Bonner Ärztliche Nachrichten 2000, 17 (19).

Dagegen ist die Rechtsprechung[310] der Zivilgerichte zurückhaltender in den Anforderungen an die Informationspflicht über die Möglichkeiten der Verbesserung der konkreten Behandlungsbedingungen und differenziert zu Recht zwei Unterfälle:

Liegen die Behandlungsbedingungen, die der vertragsärztliche Leistungskatalog ermöglicht, an der unteren Grenze[311] und gewährleisten somit die Bedingungen der gesetzlichen Krankenversicherung nicht mehr die Versorgung des Patienten nach dem medizinischen und somit dem zivilrechtlichen Standard[312], so wird eine Pflicht zur Aufklärung im Rahmen der Selbstbestimmung des Patienten angenommen. Unterbleibt diese Aufklärung, so ist das Selbstbestimmungsrecht des Patienten verletzt, so daß die erteilte Einwilligung in den Heileingriff unwirksam ist.

Entspricht jedoch die vertragszahnärztliche Versorgung noch dem medizinisch Ausreichendem und ist somit der Mindeststandard im zivilrechtlichen Sinne gewährt, so ist der Arzt nicht verpflichtet, den gesetzlich Versicherten ungefragt über die Möglichkeiten einer außergesetzlichen Optimalbehandlung als Selbstzahler aufzuklären.[313]

Entsprechend hat auch das bereits angesprochene Urteil des Landgerichts Paderborn[314] entschieden: Da die Neuversorgung einer zahnlosen Patientin mit einer neuen Totalprothese aufgrund einer fortgeschrittenen Kieferkammatrophie von vornherein zur Wiederherstellung der Kaufunktion nicht geeignet gewesen sei, treffe den Behandler, neben der Informationspflicht über die Möglichkeit einer privat zu zahlenden Implantatversorgung, eine darüber hinausgehende Aufklärungspflicht über die Untauglichkeit einer im Rahmen der gesetzlichen Krankenversicherung gewährten Versorgung mit einer Totalprothese.

Zumindest das Landgericht Braunschweig geht in seiner Entscheidung[315] mit der übrigen Rechtsprechung konform, wenn es wie folgt formuliert:

> „Der Beklagte wäre darüber hinaus (...) verpflichtet gewesen, den Kläger auf die Notwendigkeit einer funktionsanalytisch-therapeutischen Behandlung hinzuweisen (...). Das gilt jedenfalls dann, wenn - wie hier - der besondere Zustand des Patienten über den Leistungs-

---

[310] BGH NJW VersR 1988, 179; BGH NJW 1988, 2302.
[311] BGH NJW 1989, 2312.
[312] Steffen, FS für Geiß 2000, 487 (502).
[313] Steffen, FS für Geiß 2000, 487 (502).
[314] LG Paderborn v. 25.1.2001, a.a.O.
[315] LG Braunschweig v. 2.5.2001, a.a.O.

katalog der gesetzlichen Krankenkasse hinausgehende Maßnahmen als indiziert gebietet."[316]

Das Schleswig-Holsteinische Oberlandesgericht[317] dagegen scheint die maßgebliche Differenzierung nach Optimalversorgung oder Indikation nicht zu treffen, wenn es lediglich verlangt:

> „Gegebenenfalls hätte der Beklagte (...) die Klägerin davon in Kenntnis setzen müssen, daß sie die Kosten für die funktionelle Analyse selbst zahlen müsse."[318]

Lehnt ein Patient die Durchführung einer indizierten, jedoch nicht vom Leistungskatalog der gesetzlichen Krankenkasse erfaßte Behandlung, unter Umständen gerade aufgrund der für ihn entstehenden Kostenlast, ab, so ist weiterhin ungeklärt, ob der Behandler verpflichtet ist, die Vornahme der vertragszahnärztlichen, aber nicht indizierten ärztlichen Maßnahme abzulehnen.

Für die Pflicht zur Behandlungsablehnung spricht, daß unter diesen Umständen die Versorgung eines Patienten mit Zahnersatz ohne vorherige Durchführung der konkret indizierten funktionsanalytischen und -therapeutischen Leistungen nicht dem medizinischen Standard entspräche.[319] Dasselbe gilt für den Fall, daß eine vertragszahnärztliche Versorgung mit einer Totalprothese von vornherein aussichtslos und somit medizinisch nicht indiziert ist.[320] Denn die Vornahme einer medizinisch nicht oder sogar kontraindizierten Behandlungsmaßnahme würde grundsätzlich einen Verstoß gegen den zivilrechtlichen Haftungsmaßstab darstellen. Dabei könne und dürfe auch die Pflicht zur vertragszahnärztlichen Versorgung der gesetzlich versicherten Patienten den Vertragszahnarzt nicht zwingen, eine medizinisch nicht indizierte Maßnahme, die entsprechend den Bestimmungen des Sozialgesetzbuches dann auch nicht „ausreichend, zweckmäßig, notwendig und wirtschaftlich" ist, vorzunehmen.

Dagegen spricht für die Auffassung, der Behandler sei nicht zur Behandlungsablehnung verpflichtet, sondern zur Vornahme der Behandlungsmaßnahme, die zwar vom Leistungskatalog des Sozialgesetzbuches erfaßt ist, aber nicht dem medizinischen Standard entspricht, berechtigt, das Selbstbestimmungsrecht des Patienten. Dieser muß, nach entsprechend umfassender Information bzw. Aufklärung über die verschiedenen Behandlungsmöglichkeiten und die gegebe-

---

316 LG Braunschweig, a.a.O., 4.
317 OLG Schleswig-Holstein, a.a.O., 4.
318 OLG Schleswig-Holstein, a.a.O., 4.
319 LG Braunschweig, a.a.O., 4; OLG Schleswig-Holstein, a.a.O., 4.
320 LG Paderborn, a.a.O., 4.

nenfalls daraus resultierenden Kosten für den Patienten, die Entscheidungsgewalt darüber behalten dürfen, welcher Behandlungsmaßnahme bei welcher Kostenbeteiligung seinerseits er sich unterzieht. Maßgeblich ist aber zu beachten, daß bei der Verpflichtung des Zahnarztes zum Behandlungsabbruch sozial schwächer gestellter, gesetzlich versicherte Patienten, die sich eine kostenaufwendige Behandlung außerhalb des Versorgungskataloges des Sozialgesetzbuches nicht leisten können, aus Furcht des Zahnarztes vor einer anschließenden zivilrechtlichen Verurteilung unbehandelt und unversorgt blieben. Darüber hinaus stünde der Behandler in derartigen Situationen vor der Wahl, entweder wegen eines zivilrechtlichen Behandlungsfehlers bei Durchführung der kostengünstigen Behandlung oder wegen unterlassener Hilfeleistung bei Behandlungsablehnung verurteilt zu werden. Zu dieser Konsequenz dürfen jedoch die, sicherlich notwendigen, Einsparungen im öffentlichen Gesundheitswesen nicht führen.

V. Aufklärung und Beratung

1. Allgemein

In den vergangenen Jahrzehnten haben sich die von der Rechtsprechung und Literatur erhobenen Anforderungen an die Aufklärungspflichten des Arztes bzw. des Zahnarztes gegenüber dem Patienten zunehmend erhöht.

Ausgehend von dem grundgesetzlich garantierten Recht auf Menschenwürde und körperliche Unversehrtheit (Artikel 1, 2 Abs. 2 GG) muß der Behandler vor der Vornahme eines medizinischen Eingriffs die Einwilligung des Patienten einholen. Denn wie bereits dargestellt, erfüllt auch der indizierte und sorgfaltsgerecht durchgeführte ärztliche Heileingriff den Tatbestand der Körperverletzung i.S.d. §§ 823 Abs. 1 BGB, 223 Abs. 1, 224 Abs. 1 StGB[321], so daß der ärztliche Eingriff, um rechtmäßig zu sein, von einer Einwilligung des Patienten gedeckt sein muß.[322] Darüber hinaus kommt zivilrechtlich ohne Einwilligung des Patienten kein Behandlungsvertrag zustande. Die Durchführung des Aufklärungsgespräches ist daher als Voraussetzung für das Vorliegen einer Einwilligung des Patienten durch den Arzt zu beweisen.

Der Patient kann seine wirksame Einwilligung nur dann erteilen, wenn er zuvor ordnungsgemäß aufgeklärt worden ist. Ausnahmen hierzu bestehen selbstverständlich dann, wenn der Eingriff, beispielsweise bei einem bewußtlosen Unfallopfer, derartig dringlich ist, daß eine sofortige Behandlung zur Lebenserhaltung erforderlich ist; in diesen Fällen darf von einer mutmaßlichen Einwilligung ausgegangen werden.[323] Darüber hinaus ist das Unterlassen einer Aufklärung in den Fällen unschädlich, in denen von einer sog. hypothetischen Aufklärung ausgegangen werden darf. Dies wird von der Rechtsprechung zugunsten des Arztes angenommen, wenn das Gericht den Vortrag des Arztes, daß sich der Patient in dem konkreten Fall auch bei fiktiver Aufklärung dem empfohlenen Eingriff unterzogen hätte, für glaubhaft erachtet. Allerdings ist eine hypothetische Einwilligung bereits dann zu verneinen, wenn der Patient dem Gericht plausibel vortragen kann, daß er bei einer Risikoaufklärung entweder den Eingriff abgelehnt hätte oder zumindest in einen echten Entscheidungskonflikt geraten wäre. Dabei kommt es nicht darauf an, wie sich ein

---

[321] S.o. Kapitel II.1.

[322] ausführlich zur Aufklärung vor ärztlichen Eingriffen: Laufs in: Laufs/Uhlenbruck, a.a.O., § 61 ff.; Steffen/Dressler, a.a.O., Rz. 321 ff. mwN.; Martis/Winkhart, Arzthaftungsrecht aktuell, 57 ff.; Kern, Arzt und sein Recht 8/1991, 6 (10 ff.), 9/1991, 10 ff.; Wussow VersR 2002, 1338; Gründel NJW 2002, 2987.

[323] Kern, Arzt und sein Recht, 9/1991, 11.

„vernünftiger“ Patient verhalten hätte; vielmehr ist die persönliche Entscheidungssituation des Patienten allein entscheidend.[324]

Eine wirksame Einwilligung setzt voraus, daß der Patient über die Diagnose, den Ablauf der geplanten Behandlung und deren Risiken aufgeklärt wird.[325] Auch der zahnärztliche Heileingriff stellt tatbestandsmäßig eine Körperverletzung dar, so daß auch die zahnärztliche Behandlung wie jede medizinische Maßnahme zur Rechtfertigung der Einwilligung des Patienten in die Vornahme der Behandlung bedarf.[326] Daher ist der Patient auch vor einer zahnärztlichen Behandlung über die Diagnose sowie den Verlauf und die Risiken einer geplanten Behandlungsmaßnahme aufzuklären.

Die Aufklärung des Patienten über die bei ihm getroffene Diagnose ist gleichzusetzen mit der Information des Patienten über den medizinischen Befund.[327] Grenzen findet die auf die Diagnose gerichtete Aufklärung zum Schutze des Patienten insbesondere bei schweren Krankheitsbildern[328]; im zahnärztlichen Behandlungsbereich ist jedoch ein entsprechender Fall kaum vorstellbar, so daß der zahnärztliche Patient vollumfänglich über die bei ihm getroffene Diagnose aufzuklären ist.

Im Rahmen der Verlaufsaufklärung soll der Patient erfahren, „was mit ihm geschehen wird“[329], welche Behandlungsalternativen bestehen und welche notwendigen Folgen mit dem Eingriff verbunden sind. Dabei ist es ausreichend, wenn er „im Großen und Ganzen“ aufgeklärt worden ist und dadurch zu erkennen vermag, welche Bedeutung der Eingriff für seine persönliche Situation haben wird.[330] Die Aufklärung vor einer zahnärztlichen Behandlung braucht nicht den Umfang einer zahnmedizinischen Vorlesung zu haben.[331] Sie darf jedoch auch nicht verharmlosend sein, so daß der Patient die bestehenden Gefahren nicht richtig einschätzen kann.[332]

Zahnärztliche Behandlungsmaßnahmen, einschließlich operativer Eingriffe, werden in der weit überwiegenden Anzahl ambulant durchgeführt. In diesen Fällen genügt regelmäßig die Aufklärung am Tage des Eingriffs, um das Selbst-

---

[324] BGH MedR 1990, 329; BGH VersR 1991, 547.
[325] Kern, Arzt und sein Recht 8/1991, 6 (11).
[326] BVerfGE 52, 131.
[327] Wussow, VersR 2002, 1337 (1338).
[328] Laufs in: Laufs/Uhlenbruck, a.a.O., § 63, Rn. 13, 14.
[329] Kern, Arzt und sein Recht 8/1991, 6 (11).
[330] BGH NJW 2000, 1784; BGH NJW 1992, 2351; BGH NJW 1991, 2346.
[331] OLG Stuttgart VersR 1987, 1099.
[332] BGH NJW 1992, 2351.

bestimmungsrecht des Patienten zu wahren. Voraussetzung ist jedoch, zumindest bei operativen und somit risikobehafteteren Eingriffen, daß zwischen der Aufklärung und dem Eingriff eine hinreichend lange zeitliche und räumliche Zäsur liegt, die es dem Patienten ermöglicht, die zu treffende Entscheidung zu überdenken.[333] Denn die Aufklärung muß in diesen Fällen so weit von dem Eingriff „abgesetzt" sein, daß der Patient aufgrund der bereits eingeleiteten Operationsvorbereitungen nicht unter Entscheidungsdruck steht, sondern ihm die Möglichkeit zu einer freien und wohl überlegten Entscheidung offen steht.[334]

Nach der Rechtsprechung braucht der Patient über den Qualifikationsgrad der ärztlichen Ausbildung des ihn operierenden Arztes nicht aufgeklärt zu werden.[335] Daraus läßt sich unter Berücksichtigung der dargestellten Einheitlichkeit des zahnärztlichen Tätigkeitsfeldes ableiten, daß der Zahnarzt um so weniger verpflichtet ist, den Patienten vor einem chirurgischen Eingriff darüber aufzuklären, daß der Eingriff auch durch einen Fachzahnarzt für Oralchirurgie durchgeführt werden könnte, er jedoch die entsprechende Weiterbildung zum Fachzahnarzt nicht absolviert hat. Dies ergibt sich schon daraus, daß bei der Behandlung ohnehin der fachärztliche Standard gewährleistet sein muß, und zwar unabhängig vom tatsächlichen Vorliegen einer fachzahnärztlichen Qualifikation.[336] Führt der Zahnarzt den chirurgischen Eingriff durch, obwohl er sich hierzu fachlich nicht in der Lage sieht, so steht nicht die mangelnde Aufklärung, sondern ein Verstoß gegen die zahnärztliche Sorgfaltspflicht aus Gründen eines Übernahmeverschuldens im Vordergrund.[337] Die Einwilligung eines Patienten in eine operative Behandlung, für die er sich in eine Universitätsklinik begibt, umfaßt allerdings nicht die Einwilligung, daß ärztliche Handlungen von einem Studenten und somit nicht von einem approbierten Arzt vorgenommen werden.[338]

Den Schwerpunkt der Selbstbestimmungsaufklärung stellt die Aufklärung über die Risiken der Behandlung dar. Hierbei soll der Patient über mögliche dauernde oder vorübergehende Folgen, die sich auch bei Einhaltung größtmöglicher Sorgfalt nicht mit Gewißheit ausschließen lassen, aufgeklärt werden. Über etwaige Behandlungsfehler ist daher nicht aufzuklären.[339] Nach der Rechtsprechung muß

---

[333] OLG Köln VersR 1997, 1362; in dieser Entscheidung sind bereits zwei Stunden, die der Patient außerhalb der Praxis mit einem Freund beim Mittagessen verbrachte, für ausreichend erklärt worden, um die Entscheidung zu einer Implantatbehandlung zu überdenken.
[334] Müller, Arzt und Krankenhaus 2000, 283 (288).
[335] BGH NJW 1984, 655.
[336] Siehe oben IV.3.
[337] BGH VersR 1988, 723.
[338] OLG Hamm v. 7.5.1979 – 3 U 78/79.
[339] BGH NJW 1985, 2193.

vielmehr vorrangig über diejenigen Risiken aufgeklärt werden, die mit der Art des Eingriffs spezifisch verbunden sind oder diesem unmittelbar anhaften und für den Patienten nicht unmittelbar erkennbar sind (sog. typische Risiken). Nur sekundär ist dabei für die Frage der Gefährlichkeit die Komplikationsrate entscheidend; primär ist entscheidend, inwieweit die weitere Lebensführung des Patienten im Falle einer Risikoverwirklichung beeinträchtigt ist.[340] Über typische Risiken ist daher auch aufzuklären, wenn sie nur selten auftreten. Auch über die Schwere der möglichen Schadensfolge ist in diesem Zusammenhang aufzuklären.[341] Dem Patienten muß nicht geschildert werden, aus welchen medizinischen Gründen im Einzelnen der geplante Eingriff möglicherweise nicht zum Erfolg führt.[342] Es muß allerdings ein „allgemeines Bild von der Schwere und Richtung des konkreten Risikospektrums“[343] vermittelt werden.

Von der Aufklärung ist die Beratung zu differenzieren: während die Aufklärung, wie dargestellt, die Einwilligung des Patienten in den Heileingriff betrifft, bezieht sich die Beratung auf die Absicherung einer geplanten oder einer bereits durchgeführten ärztlichen Behandlung. Den Arzt trifft daher eine Beratungspflicht über das therapierichtige Verhalten. Hierzu zählen nicht nur die Umstände, die sich bereits vor der Eingriffsvornahme darstellen, sondern auch die Umstände, die sich erst im Ergebnis an den durchgeführten ärztlichen Eingriff ergeben haben. Somit muß die Beratung auch nicht, wie die Aufklärung, vor dem Eingriff stattfinden; vielmehr ergibt sie sich häufig erst nach Durchführung der Behandlungsmaßnahme.[344] Die Beratung ist daher Teil der Behandlung, so daß die Verletzung der Beratungspflicht einen Behandlungsfehler, der ggfs. durch den Patienten zu beweisen ist, darstellt.

2. Einzelfälle aus der Rechtsprechung

a) Indikation / Therapiewahl

Grundsätzlich braucht der Patient über Behandlungsalternativen, die keine Vorteile bieten und nicht besser indiziert sind, nicht aufgeklärt zu werden.[345] Dennoch verbleiben gerade im Bereich der Zahnmedizin aufgrund der im Vordergrund stehenden Ästhetik zahlreiche Therapiemöglichkeiten, über die der Patient aufgeklärt werden muß.

---

[340] BGH NJW 1996, 779; BGH NJW 1994, 793.
[341] Martis/Winhart, a.a.O., 62.
[342] BGH NJW 1990, 2929.
[343] Steffen/Dreßler, a.a.O., Rn. 329.
[344] Kern, Arzt und sein Recht 8/1991, 6 ff. (10).
[345] OLG Stuttgart VersR 1988, 410; OLG Hamm v. 7.10.1991 – 3 U 13/91.

aa) Konservierend-chirurgische Behandlung

So ist der Patient vor jeder Füllungstherapie über die Größe des Defektes und über die zur Verfügung stehenden Möglichkeiten der Restauration aufzuklären.[346]

Im Rahmen der Füllungstherapie im Seitenzahnbereich ist sowohl dem Selbstzahler als auch dem gesetzlich versicherten Patienten Amalgam als kostengünstigste Versorgung als Füllmaterial vorzuschlagen. Besteht eine entsprechende Indikation, muß der Zahnarzt auch kostspieligere Alternativen wie Edelmetallinlays oder zahnfarbene plastische Füllungen ansprechen.[347] Über das allgemeine Risiko, an amyotropher Lateralsklerose (degenerative Nervenerkrankung) zu erkranken, ist vor einer Versorgung mit Amalgam nicht aufzuklären, da dieses Erkrankungsrisiko durch die Verwendung von Amalgam bzw. des darin enthaltenen Quecksilbers für Zahnfüllungen nicht erhöht wird.[348] Kommt es dem Patienten jedoch erkennbar darauf an, angesichts des umstrittenen Füllstoffes Amalgam einen gut verträglichen Stoff zu erhalten und wünscht er sich daher Goldinlays, so ist der Zahnarzt verpflichtet, den Patienten darüber aufzuklären, daß es zahlreiche verschiedene Legierungen mit unterschiedlich hohem Goldanteil und verschiedenen Zusatzstoffen gibt; gerade auf das (seltene) Risiko einer allergischen Palladiumreaktion muß unter diesen Voraussetzungen ebenfalls hingewiesen werden.[349]

Wie bereits dargestellt, gilt inzwischen in der Zahnheilkunde der „Erhaltungsgrundsatz", wonach bei stark geschädigten Zähnen zunächst zahnerhaltende Behandlungsmaßnahmen, insbesondere endodontische Behandlungen, durchgeführt werden sollen; erst wenn diese Maßnahmen zu keinem Erfolg geführt haben, ist die Extraktion des Zahnes als letzte Behandlungsmöglichkeit indiziert.[350] Aus diesem Grund ist der Patient, wenn sich bei der Befundaufnahme und Diagnose eine echte Wahlmöglichkeit zwischen einer konservativen und einer operativen Behandlungsmethode zeigt, über diese Alternativen aufzuklären.[351] Dies gilt insbesondere für die Fälle, in denen neben einer Zahnextraktion entweder eine Wurzelspitzenresektion[352] oder eine Wurzelbe-

---

[346] OLG Koblenz MedR 1999, 464.
[347] OLG Koblenz, a.a.O.
[348] OLG Koblenz, a.a.O.; siehe hierzu auch die Ausführungen unter Kapitel IV.2.a).
[349] LG Kiel NJW 1999, 3418.
[350] Siehe Kap. IV.2.a).
[351] OLG Oldenburg VersR 1998, 57.
[352] LG Hannover NJW 1981, 1320.

handlung[353], beides Behandlungen, die zumindest einen Versuch der Zahnerhaltung darstellen, als Behandlungsalternative in Betracht kommen.

Da somit die Extraktion bzw. operative Entfernung eines Zahnes stets erst die letzte Behandlungsmöglichkeit darstellt, hat der Zahnarzt nach der Rechtsprechung vor der Extraktion einer erheblichen Anzahl von kariesbefallenen Milchzähnen über die hierdurch drohenden Gesundheitsrisiken im Hinblick auf die Beeinträchtigung der Kaufähigkeit und insbesondere im Hinblick auf weit reichende Kieferveränderungen aufzuklären, sofern ebenfalls statt der Extraktionen eine prothetische Versorgung durch Überkronung möglich wäre.[354] Auch vor der Extraktion des Zahnes 13, eines Eckzahns im Oberkiefer, dessen Entfernung bei eingetretener Querlage im Rahmen einer kieferorthopädischen Behandlung indiziert sein kann, hat der Zahnarzt den Patienten umfassend über die Vor- und Nachteile eines solchen Vorgehens aufzuklären.[355]

bb) Prothetik

Vor der zahnärztlich-prothetischen Versorgung muß die Aufklärung zunächst die Art der jeweils in Betracht kommenden Versorgung umfassen. Denn mit Fortschreiten der Wissenschaft sowohl im zahnärztlichen als auch im zahntechnischen Bereich einschließlich der Werkstoffkunde stehen dem Zahnarzt bzw. dem betroffenen Patienten zunehmend unterschiedliche Versorgungsmöglichkeiten zur Verfügung. Darüber hinaus bestehen bei jeder Art der Versorgung unterschiedliche Risiken, so daß der Patient auch hierüber aufgeklärt werden muß.

Daher muß der Zahnarzt den Patienten vor der Anfertigung einer Oberkieferprothese über die zur Verfügung stehenden Gestaltungsalternativen aufklären und hierbei die unterschiedlichen Mißempfindungen und Gewöhnungsprobleme schildern.[356] Ebenso ist ein Patient vor Eingliederung einer Brücke, wenn ein als Pfeilerzahn geplanter Zahn zu Beginn der Behandlung zeitweilig nicht schmerzfrei ist, über die hiermit verbundenen Risiken und über eine mögliche Behandlung durch Teilprothesen aufzuklären.[357]

---

353 AG Köln VersR 1983, 473.
354 OLG Hamm AHRS 4800/113.
355 LG Ellwangen AHRS 4890/102.
356 OLG Stuttgart AHRS 5000/149; OLG Köln VersR 1999, 1498 (hier: teleskopierende, bügelfreie Brückenprothese statt Gaumenplatte).
357 OLG Bamberg AHRS 4800/117.

cc) Implantologie

Auch vor der Vornahme einer Implantatversorgung ist der Patient über die vorhandenen Behandlungsalternativen aufzuklären.[358] So ist er insbesondere vor der Durchführung einer indirekten Kieferkammerhöhung über die Behandlungsalternative einschließlich der Risiken der direkten Kieferkammerhöhung bzw. der implantatgetragenen Versorgung aufzuklären sowie ebenfalls über die Möglichkeit einer Nichtbehandlung und der damit verbundenen Hinnahme des bestehenden Zustandes.[359]

b) Behandlung

Vor der Durchführung der Behandlung ist der Patient über die sog. behandlungsimmanenten Risiken der Behandlung aufzuklären, wobei sich die Aufklärung nicht auf alle etwaig in Betracht kommenden Komplikationen erstrecken muß.

aa) Konservierend-chirurgische Behandlung

So birgt die Beseitigung von Karies sowie die anschließende Füllung der Kavität, soweit nur die äußere Zahnsubstanz angegriffen ist und der Nervkanal, d.h. die Pulpa, nicht beschädigt ist, keine besondere Risiken in sich. Daher muß der Zahnarzt, wenn er eine Kavität an einem Zahn feststellt, den Patienten jedenfalls dann nicht vor dem Verschluß mittels einer Composite-Füllung über das Risiko einer indirekten Pulpaverletzung aufzuklären, wenn lediglich eine oberflächliche Karies an dem zu behandelnden Zahn vorliegt.[360]

Vor einer Wurzelbehandlung muß der Patient auch über die Gefahr, daß eine Entzündung trotz regelgerechter Wurzelkanalaufbereitung fortdauern oder wieder aufflackern und schließlich zum Zahnverlust führen kann, aufgeklärt werden; es muß jedoch weder über die Gefahr des Ausschwemmens von Bakterien in die Blutbahn oder die Verursachung einer Infektion in Organen und Gelenken, noch über die alternativ in Betracht kommende Zahnextraktion aufgeklärt werden.[361]

Hinsichtlich der Aufklärungspflicht über das Risiko einer Nervverletzung bei Setzen einer Leitungsanästhesie ist die Rechtsprechung bisher uneinheitlich. Der

---

[358] LG Hechingen BDIZ-konkret 1998, Heft 4, 32.
[359] LG Neubrandenburg BDIZ-konkret 2000, Heft 3, 54.
[360] OLG Stuttgart AHRS 4800/108.
[361] OLG Stuttgart AHRS 4800/115.

überwiegende Teil der Gerichte vertritt die Auffassung, daß der Zahnarzt nicht verpflichtet sei, den Patienten über das Risiko einer vorübergehenden oder auch dauerhaften Nervläsion aufzuklären.[362] Dies ergäbe sich zum einen daraus, daß die Komplikationsdichte mit ca. 0,0001 – 0,03 % äußerst gering sei und darüber hinaus regelmäßig eine Spontanheilung des Nervs einträte. Ferner verblieb nur sehr selten eine permanente Sensibilitätsstörung. Demgegenüber wird von anderen Gerichten die Auffassung vertreten, daß der Patient vor dem Setzen einer Leitungsanästhesie durchaus über das Risiko einer Nervschädigung aufzuklären sei, da diese unter Umständen mit nicht nur unerheblichen Beeinträchtigungen für den Patienten verbunden sein könnte.[363]

Allerdings kann letztere Auffassung, zumindest bei regelmäßig schmerzhaften Behandlungsmaßnahmen, durch das Argument der sog. hypothetischen Einwilligung entkräftet werden.[364] Danach hätte sich der Patient in dem konkreten Fall auch bei fiktiver Aufklärung dem empfohlenen Eingriff unterzogen. Denn nach der Rechtsprechung nicht glaubhaft, wenn ein Patient vorträgt, er hätte bei vorheriger Risikoaufklärung auf eine Leitungsanästhesie verzichtet und hätte den zahnärztlichen Eingriff ohne Anästhesie durchführen lassen.[365]

Ferner ist der Patient vor jedem operativen Eingriff über die typischen behandlungsimmanenten Risiken aufzuklären. Insbesondere vor einer operativen Weisheitszahnentfernung ist über das Risiko von Schädigungen der in der Nähe verlaufenden Nerven (Nervi linguales, mandibulares und alveolares), von Knochenverletzungen (z.B. Tuberabriss) sowie Weichgewebeverletzungen (z.B. Kieferhöhleneröffnung) sowie über Verhaltensmaßregeln bei Nachblutung aufzuklären.[366] Speziell vor der operativen Entfernung eines Weisheitszahnes im Unterkiefer ist über das Risiko eines Kieferbruchs aufzuklären.[367] In diesem Zusammenhang muß der Patient auch über die Gefahr einer Kieferknochen-

---

362 OLG München AHRS 4800/10; OLG Schleswig AHRS 4800/11; OLG Karlsruhe v. 16.10.1995 – 7 U 97/94; OLG Stuttgart MedR 1999, 369; LG Frankenthal AHRS 4800/116; LG Göttingen v. 6.12.2000 – 8 O 142/99.

363 OLG Hamm v. 19.10.1987 – 3 U 35/87; OLG Düsseldorf NJW 1989, 2334; OLG Karlsruhe AHRS 4800/20; OLG Zweibrücken vom 25.11.1992 – 2 U 56/92; OLG Karlsruhe v. 25.5.2000 – 7 U 193/97.

364 s.o. Kapitel V.1.

365 OLG Köln AHRS 1050/185 bei chirurgischer Entfernung eines Weisheitszahnes; OLG Saarbrücken AHRS 1050/154 in dem Fall einer Kürretage; OLG Hamm AHRS 1050/178 in dem Fall einer chirurgischen Parodontosebehandlung.

366 OLG Köln VersR 1989, 632; BGH NJW 1994, 799 = MedR 1994, 278; OLG München MedR 1995, 363; OLG Braunschweig AHRS 4800, 119.

367 OLG München VersR 1997, 102; LG Düsseldorf v. 21.3.1996 – 8 U 153/95, VersR 1997, 620 = NJW-RR 1996, 1173; OLG Braunschweig AHRS 4800/119.

marksentzündung (Osteomyelitits) nach einer Osteotomie aufgeklärt werden.[368] Dagegen ist eine Aufklärung über ganz außergewöhnliche Folgen einer Nachblutung wie Aspiration mit Kreislaufproblemen und Hirnschaden nicht erforderlich, da es sich bereits bei einer Nachblutung um ein allgemein bekanntes Risiko, welches grundsätzlich bei Beachtung der Vorsorgemaßnahmen beherrschbar ist, handelt.[369]

Bei operativen Eingriffen ist insbesondere über das Risiko von Nervverletzungen aufzuklären. Die Intensität sowie der Umfang der Aufklärung hängt allerdings von der Lokation des Operationsfeldes ab: so ist aufgrund des Verlaufes der Nervenbahnen insbesondere vor Eingriffen im Bereich des Unterkiefers aufzuklären, da im Oberkiefer bedeutend weniger und kleinere Nervenstränge verlaufen. Allerdings ist die Aufklärung auch bei Eingriffen im Bereich des Unterkiefers nur dann erforderlich, wenn angesichts der Austrittspunkte der Nerven eine Gefahr auch tatsächlich gegeben ist. So braucht vor einer Entfernung des Zahnes 36 durch Osteotomie mangels dessen Nähe zu einem Nervenkanal bzw. zu einem Nerv regelmäßig nicht über das Risiko einer Nervverletzung aufgeklärt zu werden.[370] Muß jedoch zum Zwecke der Entfernung von Zahnwurzelresten der Kieferknochen geöffnet werden, so ist über das Risiko einer Schädigung des in dem Kieferknochen verlaufenden Nervus mentales aufzuklären.[371] Der Patient ist vor einer Kieferhöhlenoperation nach Caldwell-Luc darüber aufzuklären, daß neben einem vorübergehenden oder sogar dauernden Taubheitsgefühl im Gesicht neuralgieartige Schmerzen infolge von Läsionen oder Irritationen des Trigeminusnervs auftreten können.[372]

Zu den aufklärungspflichtigen Risiken einer Umstellungs-osteotomie im Kieferbereich zählen die Gefahr von Wundheilungsstörungen mit Nekrosebildung und die Gefahr von Zahnwurzelverletzungen, nicht jedoch die spezielle Gefahr eines Zahnverlustes.[373]

Der Zahnarzt schuldet dem Patienten ferner die Aufklärung über diejenigen Umstände, die das Risiko einer Behandlung aus spezifisch-medizinischen Gründen erhöhen. Ergeben sich daher im Einzelfall besondere Umstände, die ausnahmsweise eine stationäre Operation gegenüber einer ambulanten Operation sicherer erscheinen lassen, z.B. bei umfangreichen Implantation künstlicher Zahnwurzeln bei einem Patienten, der aufgrund einer Erkrankung oder seines

---

[368] OLG Köln GesR 2003, 173.
[369] OLG München AHRS 4800/111.
[370] OLG Hamm VersR 1994, 1304.
[371] OLG Hamm AHRS 4800/100.
[372] OLG Köln AHRS 4510/110.
[373] OLG Stuttgart AHRS 4800/107.

hohen Alters in seiner Gesamtkonstitution geschwächt ist, so ist der Patient über die grundsätzliche Möglichkeit der stationären Behandlung aufzuklären.

bb) Prothetik

Bevor zum Zwecke einer prothetischen Neuversorgung des Gebisses alle Zähne im Ober- und Unterkiefer abgeschliffen werden, muß der Zahnarzt über die damit verbundenen Risiken, auch über die Gefahr einer Distraktion mit nachfolgender Myoarthropathie, aufklären.[374] Dabei ist der Patient vor dem Beschleifen der Zähne insbesondere auch über die Gefahr einer Reizung der Pulpa mit Schmerzempfindlichkeit[375] aufzuklären; weist der Patient allerdings bereits zwei eingeschliffene Zähne auf und erscheint mit dem Entschluß, sich eine Brücke einsetzen zu lassen, so ist er nicht mehr über das Risiko eines sog. Präparationstraumas aufzuklären.[376] Ferner ist der Patient über die Risiken einer Wurzelentzündung und Fistelbildung vor einer Zahnüberkronung aufzuklären.[377]

Der Patient muß jedoch vor einer zahnprothetischen Behandlung weder über das Risiko einer erhöhten Temperaturempfindlichkeit über einen längeren Zeitraum sowie über deren Ursachen[378], noch darüber, daß er nach der Behandlung unter psychosomatischen Störungen und Schmerzen leiden könnte[379], aufgeklärt werden.

cc) Implantologie

Eine zahnärztlich-prothetische Versorgung auf Basis einer Implantatversorgung ist aufgrund der erforderlichen operativen Insertion der künstlichen Zahnwurzeln mit besonderen Risiken verbunden. Daher muß der Patient vor jeder Implantatversorgung über das Risiko von Komplikationen bei Implantaten im Wege der Insertion künstlicher Zahnwurzeln, insbesondere über die Risiken von Nervverletzungen, Schädigung von Nachbarzähnen und Abstoßung des Implantates bzw. osteolytischer Prozesse (Knochenentzündung) aufgeklärt werden.[380]

---

[374] OLG Frankfurt/M. AHRS 4800/120.
[375] OLG Jena AHRS 4800/121.
[376] OLG Stuttgart AHRS 4800/8.
[377] OLG Hamm AHRS 4800/118.
[378] OLG Karlsruhe v. 21.2.1990 – 7 U 66/88.
[379] OLG Stuttgart VersR 1987, 1099.
[380] OLG Hamm AHRS 4800/109; OLG Karlsruhe AHRS 4800/112; OLG Köln VersR 1997, 1362.

Weist ein Patient komplizierte Kieferverhältnisse (z.B. Oberkieferkammschwund) auf und ist daher das Einsetzen eines Implantates mit einem besonderen Mißerfolgsrisiko behaftet, so muß der Patient darüber aufgeklärt werden, daß die Operation nur einen Versuch zur Verbesserung der Kaufunktion ohne Erfolgsgewißheit darstellen kann.[381]

c) Nachbehandlung

Wie bereits dargestellt, trifft den Arzt eine Beratungspflicht gegenüber dem Patienten über das therapierichtige Verhalten.[382] Hierzu zählen nicht nur die Umstände, die sich bereits vor der Eingriffsvornahme darstellen, sondern auch die Umstände, die sich erst im Ergebnis an den durchgeführten ärztlichen Eingriff ergeben haben.

So muß der Zahnarzt den Patienten vor einer ambulanten Operation darüber beraten, wie er sich in der postoperativen Phase verhalten muß, insbesondere über den richtigen Umgang mit der Behandlung der Operationswunde und welche Symptome das Aufsuchen eines Arztes nötig machen.[383] Ebenso ist der Patient auf mögliche Gefahren hinzuweisen, die das Führen eines Kraftfahrzeuges im Anschluß an eine Behandlung mit sich bringen kann.[384]

Ist dem Zahnarzt bei der Behandlung die Bohrerspitze abgebrochen und im Knochen verblieben, so ist der Zahnarzt verpflichtet, den Patienten hierüber sowie über die etwaige erforderlich werdende Nachbehandlung zu beraten.[385] Entsprechend muß der Patient, wenn es im Rahmen einer Wurzelbehandlung zu der Überstopfung des verfüllten Kanals gekommen oder die Spitze des Wurzelkanalinstruments abgebrochen ist, über diesen Befund und das Erfordernis einer etwaigen Nachbehandlung beraten werden.[386]

---

[381] OLG Oldenburg AHRS 4800, 101.
[382] S.o. Kapitel V.1.; OLG Celle v. 28.5.2001 - 1 U 28/00.
[383] Steffen/Dressler, a.a.O., Rn. 215.
[384] LG Konstanz v. 14.4.1972 - 5 O 74/72.
[385] OLG Stuttgart VersR 1989, 632.
[386] KG Berlin AHRS 2693/10; OLG Brandenburg MedR 2001, 196.

VI. Die Verjährung haftungsrechtlicher Ansprüche

Bis zum Inkrafttreten des Gesetzes zur Modernisierung des Schuldrechts[387] zum 1.1.2002 unterlagen vertragliche Ansprüche einer regelmäßigen Verjährungsfrist von 30 Jahren, während deliktische Ansprüche gemäß § 852 BGB a.F. einer regelmäßigen Verjährungsfrist von drei Jahren unterlagen.

Mit der Gesetzesänderung wurde der § 853 BGB a.F. aufgehoben; stattdessen gilt die neue Regelverjährung des § 195 BGB n.F. von drei Jahren nunmehr einheitlich für vertragliche Ansprüche aus Pflichtverletzung und deliktische Ansprüche aus unerlaubter Handlung.[388]

Auch der Beginn des Laufs der Verjährungsfrist hat sich mit Inkrafttreten des „Schuldrechtsmodernisierungsgesetzes" geändert: Nach § 198 BGB a.F. begann die Verjährung mit der Entstehung des Erfüllungsanspruchs zu laufen; nach § 852 BGB a.F. begann der Lauf der Verjährung mit Kenntnis des Betroffenen vom Eintritt eines Schadens, von seiner eigenen Schadensbetroffenheit und von der Person des Ersatzpflichtigen. Nunmehr beginnt die Verjährung gemäß § 199 Abs. 1 BGB n.F. erst mit dem Schluß des Jahres, in dem der Anspruch entstanden ist u n d der Gläubiger, d.h. im Bereich des Arzthaftungsrechts der geschädigte Patient oder dessen Erben, Kenntnis von dem den Anspruch begründenden Umstand sowie der Person des Schuldners erlangt hat oder ohne grobe Fahrlässigkeit hätte erlangen müssen.

Maßgeblich für den Beginn der kurzen Verjährungsfrist ist daher, wie bereits vor der Gesetzesänderung nach § 852 BGB a.F., die „Kenntnis" des Gläubigers um den Eintritt des Schadens sowie um Tatsachen, aus denen sich ein Fehlverhalten eines Arztes ergibt.[389]

Fraglich ist, wie konkret die „Kenntnis" des Gläubigers für den Beginn der Verjährungsfrist sein muß. Dabei kommt es allein auf die Tatsachen und nicht auf die rechtliche Würdigung an, so daß der Patient lediglich so viel von den wesentlichen Umständen des Behandlungsverlaufs[390] wissen muß, daß ihm ohne weitere Ermittlungen eine Einschätzung der Prozeßaussichten möglich ist.[391] Zwar ist die Rechtsprechung zu den Anforderungen an die Kenntnis des Patienten derzeit noch äußerst uneinheitlich, allerdings kann als Grundsatz angenommen werden, daß der Patient wissen muß, daß es sich nicht um einen

---

[387] Vom 26.11.2001 (BGBl I 2001, 3137).

[388] Hierzu ausführlich: Mansel, NJW 2002, 89 ff.; Ott, MDR 2002, 1 ff.

[389] BGH NJW 1988, 1516; BGH NJW 1991, 2350; BGH NJW 2001, 885.

[390] BGH NJW 1985, 2194.

[391] BGH NJW 1984, 661.

unglücklichen Schicksalsverlauf, sondern um einen Haftungsfall handelt.[392] Der Patient muß daher nicht nur die wesentlichen Umstände des Behandlungsverlaufs kennen; vielmehr muß er darüber hinaus Kenntnis von solchen Tatsachen erlangen, aus denen sich für ihn als medizinischen Laien ergibt, daß der behandelnde Arzt von dem üblichen medizinischen Vorgehen abgewichen ist oder Maßnahmen nicht getroffen hat, die nach dem ärztlichen Standard zur Vermeidung oder Beherrschung von Komplikationen erforderlich waren.[393] Der Patient hat Kenntnis um die Person des Ersatzpflichtigen, wenn ihm dessen Name sowie ladungsfähige Anschrift bekannt sind.[394] Als ladungsfähige Anschrift ist die Angabe der betreffenden Klinik ausreichend.[395] Nicht erforderlich ist, daß dem Patienten der Name der Erfüllungs- bzw. Verrichtungsgehilfen, etwa des Assistenzarztes oder der angestellten Helferin, deren Verschulden sich der Praxisinhaber zurechnen lassen muß, bekannt ist.

Ignoriert ein Patient bewußt vorhandene Erkenntnisquellen, so beginnt der Lauf der Verjährungsfrist in dem Moment, in dem unterstellt werden kann, er hätte das zugängliche, aber gemiedene Wissen erlangt.[396] Im Rahmen des § 852 Abs. 1 BGB a.F. trafen den Patienten jedoch keine Informationspflichten, die über eine einfache Anfrage, z.B. Ermittlung des Namen oder Anschrift des behandelnden Schädigers, hinausgingen. So war ihm zur Vermeidung des Beginns der Verjährungsfrist nicht zuzumuten, einen Rechtsanwalt zur Überprüfung von Krankenunterlagen auf ärztliche Behandlungsfehler zu beauftragen[397] oder umfangreiche Erkundigungen zur Ermittlung des Namens des Schädigers einzuziehen[398]. Da nunmehr die Verjährungsfrist gemäß § 199 Abs. 1 BGB n.F. auch bei grob fahrlässiger Unkenntnis beginnt zu laufen, sind die an den Patienten zu stellenden Anforderungen gestiegen. So wird ein grob fahrlässiges Verhalten anzunehmen sein, wenn es der Patient unterläßt, vorhandene Behandlungsunterlagen, aus denen das Vorliegen eines Behandlungsfehlers auch für einen Laien erkennbar ist, einzusehen oder einen Rechtsanwalt bzw. einen sonstigen sachkundigen Vertreter mit der Einsichtnahme zu beauftragen.[399]

Auch das Unterlassen eines Mindestmaßes an aktenmäßiger Erfassung und Informationsaustausches mit den eingebundenen Behörden sowie das Unterlassen einfacher Nachfragen hinsichtlich der Bedeutung medizinischer Begriffe

---

[392] BGH NJW 2001, 885 mwN.
[393] BGH NJW 2001, 885; BGH NJW 1999, 2734; BGH NJW 1995, 776.
[394] BGH NJW 1998, 988; BGH MDR 2001, 810.
[395] BGH NJW 2001, 885.
[396] Laufs in: Laufs/Uhlenbruck, a.a.O., § 106 Rn. 14.
[397] BGH MDR 1995, 482.
[398] BGH MDR 2000, 582.
[399] BGH NJW 1989, 2323.

sowie den Nebenwirkungen eines verabreichten, „verdächtigen“ Arzneimittels wird als grob fahrlässig anzusehen sein.[400] Die generelle Beauftragung eines Rechtsanwaltes oder die Hinzuziehung eines medizinischen Sachverständigen wird jedoch schon aufgrund der verminderten Substantiierungspflichten des Patienten im Arzthaftungsprozeß nach wie vor nicht verlangt werden können.

Solange die Parteien miteinander verhandeln, ist die Verjährung der Ansprüche nach § 203 BGB gehemmt. Zur „Verhandlung“ zählt nicht nur das tatsächliche Verhandeln zwischen dem geschädigten Patienten und seinem Arzt bzw. dessen Haftpflichtversicherung oder einem Krankenhausträger, sondern auch die Anrufung einer Schlichtungs- oder Gutachterstelle.[401] Verweigert eine Partei die Fortsetzung der Verhandlungen, so ist die Hemmung gemäß § 203 S.1 BGB beendet, so daß die Verjährungsfrist weiterläuft; allerdings tritt die Verjährung gemäß § 203 S.2 BGB frühestens drei Monate nach dem Ende der Hemmung ein.

Schadensersatzansprüche, die auf der Verletzung des Lebens, des Körpers, der Gesundheit und der Freiheit beruhen, somit arzthaftungsrechtliche Ansprüche, unterliegen ferner gemäß § 199 Abs. 2 BGB einer Höchstfrist von 30 Jahren. Diese Regelung trägt dem Umstand Rechnung, daß der Beginn einer Verjährungsfrist grundsätzlich, wie dargestellt, von der Kenntnis von den anspruchsbegründenen Tatsachen und der Person des Schädigers abhängt. Um eine „faktische Unverjährbarkeit“[402] zu vermeiden, gilt ohne Rücksicht auf die Kenntnis oder grob fahrlässige Unkenntnis um den Schadensvorfall die dreißigjährige Höchstfrist. Anders als die Regelverjährungsfrist nach § 195 BGB beginnt die Höchstfrist gemäß § 200 S. 1 BGB tagegenau, d.h. mit dem Tag des Schadensvorfalls.

---

[400] Mansel, NJW 2002, 89 (92); BGH MDR 2000, 582; Martis/Winkhart, a.a.O., 543.

[401] BGH NJW 1983, 2075; Die Schlichtungsstelle der Norddeutschen Ärztekammern in Hannover ist grundsätzlich nicht für zahnärztliche Haftungsverfahren zuständig; eine gutachterliche Überprüfung erfolgt nur dann, wenn Gegenstand des Verfahrens eine vorrangig ärztliche Behandlung eines Mund-, Kiefer-, Gesichtschirurgen ist. Allerdings sind bei den jeweiligen Zahnärztekammern sog. Gutachter- bzw. Schlichtungsausschüsse eingerichtet.

[402] Mansel, NJW 2002, 89 (92).

VII. Die Haftung des Zahnarztes im Dreiecksverhältnis mit Patient und Krankenkasse

Da der Behandlungsvertrag bei allen gesetzlich krankenversicherten Patienten sowohl eine zivilrechtliche als auch eine sozialrechtliche Komponente beinhaltet, werden bei Behandlungsfehlern entsprechend zivil- und sozialrechtliche Ansprüche ausgelöst.

Behauptet ein Patient, im Rahmen einer zahnärztlich-prothetischen Behandlung einen Behandlungsfehler erlitten zu haben, so wird er die Rückzahlung des von ihm entrichteten Eigenanteiles sowie die Zahlung weiteren, insbesondere immateriellen Schadensersatzes, auf dem zivilrechtlichen Wege einfordern müssen[403]. Erlangt die Krankenkasse Kenntnis von einem Mangel am eingegliederten Zahnersatz und einem angeblichen Behandlungsfehler, so hat sie den ihrerseits bereits gezahlten Kassenanteil über den Sozialgerichtsweg zurückzufordern[404]. Die Durchführung eines parallelen Sozialrechtsverfahrens neben dem zivilrechtlichen Haftungsverfahren ist zwar nicht beschränkt auf das zahnärztliche Haftungsrecht, tritt hier jedoch auf Grund der Kostenbeteiligung des Patienten an der Behandlung besonders häufig auf.

Stellt die Krankenkasse fest, daß eine bereits genehmigte und bezahlte Versorgung erneut durchgeführt wird oder teilt der Patient der Krankenkasse mit, einen vermeintlichen Behandlungsfehler erlitten zu haben, so holt die Krankenkasse regelmäßig gemäß der Anlage 12 zum BMV-Z i.V.m. § 2 Abs. 3 BMV-Z[405] bzw. gemäß § 9 Abs. VI EKV-Z[406] ein sog. kassenzahnärztliches Gutachten ein. Sinn eines solchen Gutachtens ist nicht die Feststellung eines etwaigen Verschuldens des Zahnarztes; vielmehr soll allein der Zustand der Mund-, Zahn- und Gebißverhältnisse des Patienten sowie das etwaige Vorliegen eines Mangels festgestellt werden.

Ein kassenzahnärztliches Gutachten kann somit im Rahmen eines zivilrechtlichen Haftungsprozesses nicht ein Sachverständigengutachten, durch das die Frage einer schuldhaften Sorgfaltspflichtverletzung geklärt werden muß, ersetzen. Denn das bloße Vorliegen eines Mangels, der durch ein kassenzahn-

[403] Eine Übersicht über ausgewählte Entscheidungen zur Höhe des Schmerzensgeldes findet sich beispielsweise in Rehborn, aaO., Anhang.

[404] BSG v. 2.12.1992 - 14a/6 RKa 43/91; BSG v. 20.5.1992 - 14a/6 RKa 6/90; BSG v. 16.1.1991 - 6 RKa 25/89, BSG, NZS 1993, 178; BSG ArztR 1992, 354; BSG ArztR 1992, 11.

[405] Für den Bereich der Primärkassen.

[406] Für den Bereich der Ersatzkassen.

ärztliches Gutachten festgestellt wird, indiziert kein Verschulden des Zahnarztes.[407]

Hintergrund für die Einholung eines kassenzahnärztlichen Mängelgutachtens ist, daß Füllungen und Zahnersatz gemäß § 136 b SGB V nur dann eine Kassenleistung darstellen, wenn der Zahnarzt bei der Planung einschätzen kann, daß die Versorgung mindestens einen Zeitraum von zwei Jahren überdauert.[408]

Der Vertragszahnarzt ist daher verpflichtet, eine Gewähr über die Haltbarkeit von Füllungen und Zahnersatz, die er eingegliedert hat, zu übernehmen. Innerhalb des Zeitraumes von zwei Jahren hat der Zahnarzt grundsätzlich Mängel kostenlos zu beseitigen oder notwendige Erneuerungen kostenfrei vorzunehmen. Muß eine Leistung innerhalb des Gewährleistungszeitraumes von zwei Jahren durch einen Nachbehandler wiederholt werden, so kann die Krankenkasse, wenn sie bereits die prothetische Behandlung gezahlt oder zumindest bezuschußt hat, diese Kosten innerhalb des Gewährleistungszeitraumes zurückfordern, sofern dem Erstbehandler eine fehlerhafte Planung oder Ausführung angelastet werden kann. Können Ansprüche einer Krankenkasse nicht unmittelbar gegen den Vertragszahnarzt durchgesetzt werden, so haftet hierfür die Kassenzahnärztliche Vereinigung als Kollektiv.[409]

Zu beachten ist allerdings, daß die Kassenzahnärztliche Bundesvereinigung und die Spitzenverbände der Krankenkassen gemäß § 136 b Abs. 2 Satz 5 SGB V berechtigt worden sind, Ausnahmen zu der zweijährigen Gewährleistungsfrist zu vereinbaren. Am 13.12.1993 einigten sich die Vertragspartner auf den „Ausnahmekatalog zur Gewährleistungspflicht im Rahmen der vertragszahnärztlichen Versorgung gemäß § 135 Abs. 4 SGB V“[410]. Danach sind Milchzahnfüllungen, Zahnhalsfüllungen, mehr als dreiflächige Füllungen, Eckenaufbauten im Frontzahnbereich unter Einbeziehung der Schneidekanten sowie Fälle, in de-

---

[407] BSG NZS 1993, 178.

[408] Aus der Gesetzesbegründung für das GSG ergibt sich: „Die Vorschrift verlängert die Gewährleistungsfrist für die Versorgungen mit Zahnersatz auf mindestens zwei Jahre. Gleichzeitig wird eine zweijährige Gewährleistungsfrist für Füllungen eingeführt. Bei sorgfältiger zahnärztlicher Arbeit muß grundsätzlich von einer mindestens zweijährigen Haltbarkeit von Füllungen und Zahnersatz ausgegangen werden. Die Beseitigung von Mängeln innerhalb dieses Zeitraums darf Krankenkassen und Versicherten grundsätzlich nicht in Rechnung gestellt werden. Notwendige Ausnahmen von der Gewährleistung bestimmt der Bundesausschuß der Zahnärzte und Krankenkassen. (…) In Zweifelsfällen muß die Krankenkasse auf Antrag des Zahnarztes ein Gutachterverfahren einleiten.“ siehe BT-Drucksache 12/3608, S. 107 zu Nr. 68.

[409] BSG SozR 3-1300 § 113 Nr. 3.

[410] Die Gewährleistungspflicht für Füllungen und Zahnersatz war bis zum Inkrafttreten des GKV-Gesundheitsreformgesetzes 2000 am 1.1.2000 in § 135 Abs. 4 SGB V geregelt.

nen besondere Vorerkrankungen oder Bruxismus (Knirschen) vorliegen, von der Gewährleistungspflicht, soweit kein Verschulden des Zahnarztes vorliegt, ausgeschlossen, so daß diese Füllungsleistungen innerhalb von zwei Jahren wiederholt und zu Lasten der Krankenkassen abgerechnet werden können. Auch die Behandlungsleistungen zur Versorgung mit Zahnersatz haben die Kassenzahnärztliche Bundesvereinigung und die Spitzenverbände der Krankenkassen praktisch aus der zweijährigen Gewährleistungspflicht herausgenommen.[411] So muß dem Zahnarzt ein Verschulden an dem unterbliebenen Behandlungserfolg der prothetischen Versorgung nachgewiesen werden.[412] Denn auch im Sozialrecht sind die zivilrechtlichen Haftungsmaßstäbe anzuwenden.[413] Die Beweislast für das Vorliegen der Voraussetzungen für einen Regreßanspruch trägt die Krankenkasse.[414]

Liegt ein kassenzahnärztliches Gutachten gemäß § 30 Abs. 4 S. 5 SGB V i.V. mit den genannten Normen des BMV-Z bzw. EKV-Z vor, so wird es sowohl dem Vertragszahnarzt als auch dem Patienten übersandt. Sind entweder der Patient bzw. seine Krankenkasse oder der Zahnarzt mit den dort getroffenen Feststellungen nicht einverstanden, so kann die Einholung eines Obergutachtens beantragt werden. Können sich die Parteien auch trotz Vorliegen eines Obergutachtens nicht einigen, so ist das weitere Vorgehen davon abhängig, ob der Patient bei einer der sog. Primärkassen oder bei einer Ersatzkasse versichert ist.

Ist der Patient Mitglied einer der sog. Primärkassen, so wird gem. § 24 BMV-Z als Prüfgremium der sog. Prothetik-Einigungsausschuß angerufen, der aus je drei von den Zahnärzten und den Krankenkassen bestimmten Mitgliedern besteht. Das Verfahren vor dem Prothetik-Einigungsausschuß ist ein Verwaltungsverfahren gemäß § 1 SGB X, bei dem die Krankenkasse auf Grund eines öffentlich-rechtlichen Schadensersatzanspruches den Kassenanteil zurückverlangt.[415] Gegen die Entscheidung dieses Ausschusses ist in einigen KZV-Bezirken noch die Anrufung des Prothetik-Widerspruchsausschusses möglich.[416] Soweit in einem konkreten KZV-Bezirk noch keine speziellen Regelungen für Widersprüche gegen Entscheidungen des Prothetikeinigungs-

[411] Es mag dahingestellt sein, ob der Umfang des Ausnahmekataloges im Hinblick auf § 136 b Abs. 2 Satz 3 SGB V rechtlich zulässig ist.

[412] Plagemann/Niggehoff, Vertragsarztrecht, Rn. 205; angesichts des Ausnahmekataloges ist den Ausführungen von Mohr, MedR 2001, 38, nach denen dem Zahnarzt aufgrund des § 136 b Abs.2 SGB V angeblich eine „Bestandsgarantie zugemutet" würde, zu widersprechen.

[413] Klückmann in: Hauck, Kommentar zum SGB V, § 76 Rn. 30.

[414] SG Mainz v. 5.4.2000 - S 1 KA 612/98.

[415] BSG ArztR 1992, 354.

[416] Näheres hierzu findet sich in den mit den Krankenkassen getroffenen Vereinbarungen der Kassenzahnärztlichen Vereinigungen der Länder.

ausschusses getroffen worden sind, haben die für die Wirtschaftlichkeitsprüfungen zuständigen Beschwerdeausschüsse über Widersprüche gegen den Prothetikeinigungsausschuß zu entscheiden.[417] Gegebenenfalls muß die Auseinandersetzung vor den Sozialgerichten fortgesetzt und dort entschieden werden.

Für Schadensregresse, bei denen die Interessen der Ersatzkassen betroffen sind, ist die Kassenzahnärztliche Vereinigung mangels anderweitiger Zuständigkeitsregelung für die Feststellung von Schadensersatzansprüchen einer Ersatzkasse gegen den Vertragszahnarzt wegen etwaiger Verletzung von Pflichten aus dem EKV-Z zuständig.[418] Gegebenenfalls muß auch hier ein sozialgerichtliches Verfahren durchgeführt werden.

[417] BSG NZS 2002, 50; bis zu dieser Entscheidung galt bei Fehlen einer „Widerspruchsstelle" die unmittelbar gegen die Erstentscheidung gerichtete Klage als begründet, vgl. LSG Niedersachsen v. 1.12.1999 - L 5 KA 29/99.

[418] BSG v. 16.1.1991 - 6 RKa 25/89; BSG NJW 1993, 1549.

VIII. Die Haftung des Zahnarztes bei unterlassener Kostenberatung

Zahnärztliche Behandlungen sind regelmäßig, da ein großer Teil zahnärztlicher Behandlungsmaßnahmen die Versorgung mit Zahnersatz betrifft, mit relativ hohen Kosten verbunden. Insbesondere bei zahnärztlich-prothetischen Behandlungen fallen regelmäßig Kosten an, die der Patient selbst an den Zahnarzt entrichten muß, ohne daß er die Behandlungs- oder Materialkosten durch eine private Krankenversicherung erstattet erhält oder die Kosten durch eine gesetzliche Krankenkasse gezahlt werden. Fraglich ist, ob und inwieweit der Zahnarzt verpflichtet ist, den Patienten vor dem Beginn einer zahnärztlichen Behandlung, besonders vor einer zahnärztlich-prothetischen Behandlung, auf die Höhe der zu erwartenden Kosten hinzuweisen.

1. Selbstzahler

Wird zwischen dem Zahnarzt und einem Selbstzahler, d.h. einem privat versicherten Patienten bzw. einem gesetzlich versicherten Patienten, der sich außerhalb des Vertragszahnarztrechts und somit privatrechtlich behandeln läßt, ein Behandlungsvertrag geschlossen, so besteht ein direktes Anspruchsverhältnis zwischen den Parteien auf sorgfaltsgerechte Behandlung einerseits und Vergütung des Behandlungshonorars andererseits. Dem Patienten steht gegen seine private Krankenversicherung lediglich ein Erstattungsanspruch zu. Die private Krankenversicherung muß gemäß § 178 b Abs. 1 VVG[419] die Kosten einer medizinisch notwendigen Heilbehandlung im Rahmen der im Versicherungsvertrag getroffenen Vereinbarungen erstatten. Welche Behandlungsmaßnahme im Einzelnen medizinisch notwendig ist, richtet sich nach demselben Maßstab, der sich im gesetzlichen Krankenkassenrecht aus den §§ 12 Abs. 1, 70 Abs. 1 SGB V herleitet.

Fraglich ist, ob die Information des Zahnarztes über die Höhe der zu erwartenden Behandlungskosten der Aufklärungspflicht i.S.d. Selbstbestimmungsaufklärung, bei deren Verletzung kein Behandlungsvertrag geschlossen worden ist, zuzuordnen ist oder aber eine Information eigener Art darstellt, die die Wirksamkeit des Behandlungsvertrages auch bei Versäumnis nicht beeinträchtigt.[420]

---

[419] Vom 30.5.1908 (RGBl 1908, 263) in der Fassung vom 5.10.1994 (BGBl. I, 2911).

[420] Eingehend hierzu Michalski, VersR 1997, 137 ff.; OLG Köln NJW 1987, 2304; LG Saarbrücken NJW 1984, 2632; KG VersR 2000, 89; OLG Düsseldorf MedR 1986, 208; Laufs, Aufklärungspflicht (640), in: Rieger, aaO., Rn. 12; Palandt/Heinrichs, aaO, § 276 Rn. 26. Eine Beratung als Teil der Behandlung, wie sie unter Kapitel V.1. dargestellt worden ist,

Bisher zählt die Information über die Höhe der zu erwartenden Behandlungskosten nach der überwiegenden Rechtsprechung nicht zu den Aufklärungspflichten im engeren Sinne, d.h. zur Selbstbestimmungsaufklärung. Denn die Information über die Kosten diene nicht dazu, den Patienten vor überraschenden Beeinträchtigungen seiner körperlichen Integrität, sondern lediglich vor überraschenden finanziellen Belastungen zu schützen.[421] Vielmehr dürfe die wirtschaftliche Beratungspflicht nicht überspannt werden und allenfalls als Neben- und Schutzpflicht aus dem Behandlungsvertrag i.S.e. Informationspflicht betrachtet werden.[422]

Auch nach der Literatur obliegt dem Arzt eine Aufklärung zur Gewährung des Rechts auf Selbstbestimmung nur über Sachverhalte, die den Körper des Patienten betreffen.[423] Somit trifft den Patienten auch nach der Literatur allenfalls eine Informationspflicht über die Kosten. Ist für den Zahnarzt allerdings erkennbar, daß der Patient über die wirtschaftlichen Begleitumstände, sei es die Höhe der Kosten oder deren Erstattungsfähigkeit, irrt, so soll er nach der Literatur sowie der neueren Rechtsprechung im Rahmen seiner vertraglichen Nebenpflichten zwingend verpflichtet sein, den Patienten über die zu erwartenden Kosten der Behandlung zu informieren.[424] Auf Grund der unterschiedlichsten Vertragsgestaltungsmöglichkeiten sei es einem Zahnarzt bei der zahnärztlichen Behandlung, insbesondere bei der zahnärztlich-prothetischen Versorgung von Privatpatienten allerdings nicht zumutbar, den Patienten im Einzelnen über die Möglichkeiten der Kostenerstattung zu beraten.[425] Denn es könne nicht die Aufgabe des Zahnarztes sein, sich über die Absicherung des Patienten gegen die entstehenden Zahnbehandlungskosten zu unterrichten und entweder die Behandlung danach auszurichten oder dem Patienten entsprechende Hinweise zu erteilen.[426] Somit wird der Zahnarzt nicht zum „Sachwalter fremder Vermögensinteressen“[427] erklärt. Es liegt vielmehr im Verantwortungsbereich des privatversicherten Patienten, den Umfang der Kostenerstattung mit der Versicherung selbst abzustimmen.[428]

---

scheidet hier aus, da die Kenntnis um die Behandlungskosten nicht das therapiegerechte Verhalten des Patienten betrifft.

421 AG Frankfurt vom 27.10.1995 – 31 C 1221/93; AG Königstein vom 25.9.1991 – 21 C 352,91; Michalski, VersR 1997, 137 (137).

422 OLG Köln NJW 1987, 2304; Michalski, VersR 1997, 137 (145).

423 Kern/Laufs, Die ärztliche Aufklärungspflicht, 189 f.; Baden, NJW 1988, 746 (747).

424 Rehborn, aaO., H.II.4.; KG VersR 2000, 89; OLG Stuttgart, OLGR 2002, 350.

425 Deutsch, Medizinrecht, Rn. 119.

426 OLG Köln NJW 1987, 2304.

427 Laufs, Die ärztliche Aufklärungspflicht, in: Laufs/Uhlenbruck, Handbuch des Arztrechts, § 65 Rn. 17.

428 Michalski aaO. 144; Müller, Arzt und Recht 2000, 334 (336); Schiller/Steinhilper, MedR 2001, 29 (33). Lediglich Mohr, MedR 2001, 38 (39) bejaht eine „Aufklärungspflicht“ des

Allerdings muß der Patient, wenn der Zahnarzt auf Grund eines Schreibens der privaten Krankenversicherung Kenntnis darüber hat oder haben müßte, daß die Behandlungskosten nicht oder teilweise nicht übernommen werden, mit aller Deutlichkeit auf das Kostenerstattungsrisiko hingewiesen werden. Anderenfalls steht dem Patienten gegen den Zahnarzt ein Schadensersatzanspruch aus positiver Vertragsverletzung zu, der auf die Befreiung von der Honorarforderung gerichtet ist.[429] Gleiches gilt für den Fall, daß dem Zahnarzt bereits bekannt ist, daß die Notwendigkeit der von ihm vorgeschlagenen Behandlung von den Kostenerstattungsstellen regelmäßig nicht anerkannt wird[430] oder der Zahnarzt wegen dauerhaft fehlerhafter Abrechnung oder dauerhafter Unwirtschaftlichkeit von der Erstattung in der privaten Krankenversicherung ausgeschlossen worden ist[431].

Um der bei einem erkennbaren Irrtum des Patienten über die Kosten einer prothetischen Versorgung und deren Erstattung bestehenden Hinweispflicht zu entsprechen, wird regelmäßig vom Zahnarzt, schon aufgrund der ihm obliegenden Beweislast, ein sog. Heil- und Kostenplan erstellt, der dem Patienten vor Behandlungsbeginn überreicht. Ein derartiger Heil- und Kostenplan soll alle Behandlungsmaßnahmen aufführen, die sich bereits bei der Planung als erforderlich zeigen; unvorhergesehene Behandlungsmaßnahmen können daher dennoch erbracht und berechnet werden.[432] Nach der Rechtsprechung müssen in dem Heil- und Kostenplan allerdings nicht nur die absehbaren Behandlungsmaßnahmen, sondern auch alle voraussehbaren Besonderheiten der Behandlung, die die Berechnung des 3,5fachen Steigerungssatzes begründen würden, erfaßt sein.[433] Nur soweit die Schwierigkeiten nicht absehbar waren, sind Faktorerhöhungen gegenüber dem Heil- und Kostenplan zulässig. Weiterhin muß dem Heil- und Kostenplan eine Kostenvorausberechnung für die zahntechnischen Leistungen, insbes. Material, beigefügt werden, da diese Kosten bei prothetischen Versorgungen regelmäßig gegenüber den Behandlungskosten den größeren Rechnungsanteil darstellen.

Zahnarztes dahingehend, daß der Patient zur Prüfung seines Versicherungsschutzes angehalten werden müsse; angesichts der Gesamtargumentation ist jedoch davon auszugehen, daß Mohr hierin keine Aufklärung i.S.e. Selbstbestimmungsaufklärung, sondern eine Beratungspflicht eigener Art sieht.

[429] OLG Hamm NJW 1995, 790; LG Bremen NJW 1991b, 2353; KG Berlin VersR 2000, 89.

[430] BGH VersR 1983, 443; OLG Köln OLGZ 1988, 212; OLG Köln MedR 1997, 273; weitere Hinweise in: Michalski, VersR 1997, 137 ff (142); Schiller/Steinhilper, MedR 2001, 29 (33). Für kosmetische Behandlungen: LG Bremen NJW 1991, 2353; für kostspielige Therapie bei Krebserkrankungen (Außenseitermethode): OLG Hamm NJW 1995, 790.

[431] OLG Köln MedR 1996, 318; OLG München OLG-R 1999, 189.

[432] LG Wuppertal v. 2.10.1990 - 5 O 2/89.

[433] OLG Köln v. 21.8.1996 - 5 U 196/95; OLG Köln VersR 1998, 1284.

Ist somit im Ergebnis festzuhalten, daß die Information über die Behandlungskosten nicht das Selbstbestimmungsrecht des Patienten betrifft, sondern vielmehr allenfalls eine Nebenpflicht aus dem Behandlungsvertrag darstellt, so ergibt sich aus der Einordnung, daß nicht der Zahnarzt die tatsächliche Durchführung der Kostenberatung beweisen muß. [434] Ferner ergibt sich aus der Einordnung, daß das Unterlassen der Kosteninformation lediglich dazu führen kann, daß der Arzt seinen Honoraranspruch dadurch verliert, daß der Patient mit einem ihm wegen der vertraglichen Pflichtenverletzung aufrechnet. Der zwischen den Parteien geschlossene Behandlungsvertrag bleibt jedoch weiterhin bestehen, da sich die Aufklärung des Patienten zur Erlangung seiner Einwilligung in die ärztliche Behandlungsmaßnahme nicht auf die Information über die Behandlungskosten erstreckt.

2. Gesetzlich versicherter Patient

Ist bei einem gesetzlich versicherten Patienten die Versorgung mit Zahnersatz indiziert, so muß der Zahnarzt gemäß § 30 Abs. 4 SGB V zunächst einen Heil- und Kostenplan erstellen. Dieser wird bei der Krankenkasse des Patienten eingereicht. Dort wird geprüft, ob die geplante Behandlung ausreichend und zweckmäßig ist und sich auf das medizinisch Notwendige beschränkt (§ 12 SGB V).

Die Einzelheiten zu der Ausgestaltung eines Heil- und Kostenplanes sowie zum Abrechnungs- und Gutachtenverfahren bei Zahnersatz sind in den Verträgen zwischen der Kassenzahnärztlichen Bundesvereinigung und den jeweiligen Krankenkassen enthalten. So finden sich für den Bereich der sog. Primärkassen (§§ 143 ff. SGB V - Ortskrankenkassen, §§ 147 ff. SGB V - Betriebskrankenkassen, §§ 157 ff. SGB V - Innungskrankenkassen) die entsprechenden Regelungen in dem mit der Kassenzahnärztlichen Bundesvereinigung gemäß § 30 Abs. 4 Satz 11 i.V.m. § 87 SGB V geschlossenen Bundesmantelvertrag für Zahnärzte (BMV-Z); für den Bereich der sog. Ersatzkassen (§ 168 ff. SGB V) gilt der Ersatzkassenvertrag für Zahnärzte (EKV-Z). Handelt es sich bei der geplanten Behandlung um eine aufwendige Versorgung oder hat die Krankenkasse Zweifel hinsichtlich der Einhaltung der vertragszahnärztlichen Bestimmungen bei der geplanten Versorgung, so läßt sie gemäß Anlage 12 zum BMV-Z i.V.m. § 2 Abs. 3 BMV-Z bzw. gemäß § 9 Abs. VI EKV-Z eine Begutachtung durch einen kassenzahnärztlichen Gutachter durchführen.

---

[434] OLG Celle v. 28.5.2001 - 1 U 28/00: Danach soll die Information des Patienten über die Behandlungskosten, da es sich nur um eine vertragliche Nebenpflicht des Zahnarztes handelt, auch auf nichtzahnärztliche Mitarbeiter übertragbar sein.

Wird die von dem Behandler geplante Versorgung als indiziert und vertragsgerecht begutachtet, erteilt die Krankenkasse die Genehmigung des Heil- und Kostenplanes gemäß § 30 Abs. 4 S. 1 SGB V. Die Genehmigung ist davon abhängig, daß der geplante Zahnersatz binnen 6 Monate wie geplant eingegliedert wird. Gegebenenfalls ist der Zahnarzt gehalten, nach Ablauf dieser Frist eine Verlängerung des Heil- und Kostenplanes zu erwirken oder aber erneut einen Heil- und Kostenplan zu erstellen und von dem Patienten einreichen zu lassen.

Hinsichtlich der Hinweispflichten des gesetzlich versicherten Patienten über die Kosten der prothetischen Versorgung gelten die Darlegungen zu dem privat versicherten Patienten, wobei der gesetzlich versicherte Patient um so informationsbedürftiger ist, als er in der Regel, soweit er sich also innerhalb des kassenzahnärztlichen Behandlungskataloges behandeln läßt, nicht mit Behandlungskosten unmittelbar konfrontiert wird, und der Zahnarzt daher um so eher von einem Irrtum des Patienten über die Höhe der zu erwartenden Kosten bzw. deren Erstattbarkeit ausgehen muß.[435] Über die Kosten des Eigenanteils bei der Versorgung mit Zahnersatz sowie bei außervertraglichen Leistungen, wie beispielsweise die Keramikverblendung der hinteren Backenzähne, ist der Patient ungefragt über die voraussichtlichen Behandlungskosten zu informieren; das Versäumnis dieser Kosteninformation führt zum Verlust des Honoraranspruchs.[436] Hinsichtlich unvorhergesehener, sich im Laufe der Behandlung ergebender Behandlungsmaßnahmen gelten ebenfalls die zu den privat versicherten Patienten enthaltenen Ausführungen entsprechend.

---

[435] OLG Köln OLGZ 1988, 212.

[436] OLG Köln MedR 1997, 273; Michalski, a.a.O., 142; Schinnenburg, MedR 2000, 185 (187).

IX. Zusammenfassung der Ergebnisse

Zusammenfassend kann daher festgestellt werden, daß das Zahnarzthaftungsrecht zwar durchaus Besonderheiten gegenüber dem allgemeinen Arzthaftungsrecht aufweist. Diese ergeben sich vorrangig aus dem speziellen Tätigkeitsfeld des Zahnarztes und der sich daraus ergebenden Konstellation des Behandlungsvertrages. Allerdings sind die Grundsätze des allgemeinen Arzthaftungsrechts, wie sie sich in Rechtsprechung und Literatur herausgebildet haben, nahezu vollständig auf das zahnärztliche Haftungsrecht übertragbar. Dies hat sich insbesondere bei der Untersuchung der für den Behandlungsstandard anzusetzenden Kriterien sowie der Betrachtung der für eine wirksame Aufklärung geltenden Grundsätze ergeben.

Darüber hinausgehend haben die voranstehenden Ausführungen ergeben, daß die Rechtsprechung zum Facharztstandard auf den zahnärztlichen Bereich übertragbar sein muß. Denn der Patient kann aufgrund der Einheitlichkeit des zahnärztlichen Tätigkeitsfeldes des Zahnarztes bei Aufsuchen jeder zahnärztlichen Praxis erwarten, daß er nach demselben Standard behandelt wird, wie er ihn in bei einer Behandlung durch einen die fachliche Weiterbildung abgeschlossenen Zahnarzt erwarten darf. Eine zahnärztliche Behandlung muß daher stets dem Standard entsprechen, den ein erfahrener Fachzahnarzt anwenden muß. Abweichend von der Rechtsprechung zum Facharztstandard ist es jedoch nicht erforderlich, daß ein zahnärztlicher Eingriff, der grundsätzlich auch in den fachzahnärztlichen Bereich der Oralchirurgie, Kieferorthopädie oder Parodontologie fällt, zwingend durch einen Fachzahnarzt oder zumindest in Anwesenheit eines Fachzahnarztes durchgeführt wird. Hat der Zahnarzt allerdings nicht den fachzahnärztlichen Standard eingehalten, so treten wegen mangelnder Qualifikation des nicht-fachzahnärztlichen Behandlers oder wegen des Umstandes, daß dieser nicht durch einen weitergebildeten Fachzahnarzt beaufsichtigt worden ist, zu Gunsten des Patienten Beweiserleichterungen bis hin zu einer Beweislastumkehr ein: es muß dann zur Vermeidung einer Haftung durch die Behandlerseite bewiesen werden, daß der Schaden nicht auf mangelnde Erfahrung des behandelnden, nicht-weitergebildeten Zahnarztes beruht. Darüber hinaus haftet der Zahnarzt ggfs. aus einem Übernahmeverschulden. Es bleibt abzuwarten, ob die Rechtsprechung ebenfalls die bisherige Facharztrechtsprechung auf das zahnärztliche Haftungsrecht übertragen wird.

Ferner kann als Ergebnis dieser Arbeit festgestellt werden, daß das zivilrechtliche Haftungsrecht im Bereich der Zahnheilkunde nicht durch die Vorgaben des Sozialrechts, d.h. den vertragszahnärztlichen Leistungskatalog, begrenzt wird. Dies läßt sich auch den wenigen bisher zu diesem Themenkomplex ergangenen Urteilen entnehmen: danach muß davon ausgegangen werden, daß sich eine

Behandlung auch dann zum zahnärztlichen Standard ausbilden kann, wenn sie nach den sozialrechtlichen Richtlinien nicht oder nur eingeschränkt abgerechnet werden darf. Denn wirtschaftliche Möglichkeiten sind zwar zu berücksichtigen, können jedoch den hohen Rang von Leben, Körper und Gesundheit eines Patienten nicht verringern. Problematisch wird dies insbesondere in dem Bereich, wenn es neben einer privatzahnärztlichen Behandlungsart auf Grundlage der GOZ bzw. GOÄ keine vertragszahnärztliche Alternative im BEMA gibt. Dies ist bei den funktionsanalytischen und -therapeutischen Maßnahmen der Fall: während bei der Versorgung mit Zahnersatz sowie Füllungen stets eine sozialrechtliche Alternative zu einer privatrechtlichen Optimalbehandlung besteht, sind funktionsanalytische bzw. –therapeutische Maßnahmen nicht nur aus dem Leistungskatalog des SGB V ausgeschlossen, sondern es findet sich dort auch keine echte Alternativbehandlung. Somit ist bei Vorliegen einer Indikation zur Durchführung funktionsanalytischer und funktionstherapeutischer Leistungen die zivilrechtliche Sorgfaltspflicht verletzt, wenn der Zahnarzt seine Behandlung allein auf den sozialgesetzlichen Leistungskatalog begrenzt.

Der Zahnarzt wird daher durch die fortschreitenden Einschränkungen des sozialrechtlichen Leistungskataloges in eine Zwickmühle zwischen der Verletzung des zahnmedizinischen Standards und somit der zahnärztlichen Sorgfaltspflicht einerseits und der Verletzung vertragszahnärztlicher Pflichten bei kostenloser oder falsch abgerechneter Erbringung sozialrechtlich nicht erfaßter, aber indizierter Behandlungsmaßnahmen getrieben. Ein Ausweg findet sich nur über die Information des gesetzlich versicherten Patienten über die bestehende Indikation einerseits und die nicht bestehende Kostenübernahme der indizierten zahnärztlichen Maßnahme durch die gesetzliche Krankenversicherung andererseits.

Entspricht die vertragszahnärztliche Versorgung noch dem medizinisch Ausreichendem und ist somit der Mindeststandard im zivilrechtlichen Sinne gewährt, so stellt die Information lediglich eine nebenvertragliche Hinweispflicht dar, die den Zahnarzt nicht verpflichtet, den gesetzlich Versicherten ungefragt über die Möglichkeiten einer außergesetzlichen Optimalbehandlung als Selbstzahler aufzuklären. Eine Pflicht zur Aufklärung im Rahmen der Selbstbestimmung des Patienten ist jedoch dann anzunehmen, sobald die Behandlungsbedingungen, die der vertragszahnärztliche Leistungskatalog ermöglicht, nur an der unteren Grenze liegen und nicht mehr die Versorgung des Patienten nach dem medizinischen und somit dem zivilrechtlichen Standard ermöglichen.

Lehnt der Patient nach einer solchen Aufklärung wegen der ihm entstehenden Kosten oder aus einem anderen Grund die Durchführung der indizierten, jedoch nicht vom Leistungskatalog der gesetzlichen Krankenkasse erfaßten Behandlung ab, so ist der Zahnarzt nicht verpflichtet, die Vornahme der vertragszahnärztlichen, aber nicht indizierten ärztlichen Maßnahme abzulehnen. Denn aufgrund des Selbstbestimmungsrechts des Patienten muß dieser, nach entsprechend umfassender Aufklärung über die verschiedenen Behandlungsmöglichkeiten und die gegebenenfalls daraus für ihn resultierenden Kosten, die Entscheidungsgewalt darüber behalten dürfen, welcher Behandlungsmaßnahme, die bei unterschiedlichen Kostenbeteiligungen unterschiedliche Konsequenzen für seine körperliche Integrität hat, er sich unterzieht. Kann er sich keine Kostenbeteiligung leisten, so ist der Zahnarzt zur Vornahme der vertragszahnärztlichen, aber nicht dem medizinischen Standard entsprechenden Behandlungsmaßnahme berechtigt, ohne anschließend die zivilrechtliche Verurteilung wegen eines Behandlungsfehlers zu befürchten. Denn anderenfalls bliebe der Patient unbehandelt oder unversorgt; darüber hinaus würde sich der Zahnarzt gegebenenfalls dem Vorwurf einer unterlassenen Hilfeleistung aussetzen. Zu dieser Konsequenz dürfen jedoch die Einsparungen im öffentlichen Gesundheitswesen nicht führen.

Trotz der dargestellten Besonderheiten des zahnärztlichen Behandlungsvertrages, insbesondere im Bereich der zahnärztlich-prothetischen Versorgung, sowie des zahnärztlichen Behandlungsablaufes und Tätigkeitsfeldes lassen sich daher nach den erarbeiteten Überlegungen die für den Bereich des Arztrechts geltenden Normen sowie die sich aufgrund von Urteilen entwickelten Rechtsgrundsätze auf das Zahnarzthaftungsrecht übertragen. Insofern ist auch die Rechtsprechung zum Facharztstandard, die bisher nur im Bereich des humanmedizinischen Arzthaftungsrechts ergangen ist, auf das Zahnarzthaftungsrecht anwendbar. Die zunehmende Diskrepanz zwischen dem für das Haftungsrecht geltenden Behandlungsstandard einerseits und dem sozialrechtlichen Leistungskatalog andererseits spiegelt sich im Bereich der Zahnheilkunde aufgrund der zunehmenden Einschränkungen des kassenzahnärztlichen Behandlungsumfanges besonders deutlich wider.

Peter Lang · Internationaler Verlag der Wissenschaften

Bianca Fuchs

Das Beweismaß im Arzthaftungsprozess

Frankfurt am Main, Berlin, Bern, Bruxelles, New York, Oxford, Wien, 2005.
161 S., 4 Abb.
Europäische Hochschulschriften: Reihe 2, Rechtswissenschaft. Bd. 5154
ISBN 978-3-631-53752-7 · br. € 34.–*

Die Arbeit beschäftigt sich intensiv mit verschiedenen Ansätzen zur Bewältigung der im Arzt-haftungsrecht bestehenden Beweisprobleme. Neben einem Blick auf die in anderen Ländern gefundenen Lösungsmodelle und deren Übertragbarkeit auf das deutsche Recht findet sich eine ausführliche Analyse der im deutschen Recht bestehenden Mechanismen der Beweiserbringung sowie eine Überprüfung der Beweismaßabsenkung als Möglichkeit zur Verringerung der Beweisschwierigkeiten im Arzthaftungsprozess.

Aus dem Inhalt: Beweisschwierigkeiten im Arzthaftungsrecht · Bestimmung des Regelbeweis-maßes im Zivilprozess · Beweismaßreduktion im Arzthaftungsrecht · Praktische Auswirkungen der Anlegung des gefundenen Beweismaßes

Printed by
CPI books GmbH, Leck

FSC
www.fsc.org
MIX
Papier | Fördert
gute Waldnutzung
FSC® C083411

Kolibri 360 GmbH
Ferdinand-Jühlke-Straße 7
99095 Erfurt, Deutschland
produktsicherheit@kolibri360.de